어려운 건 모르겠고,
돈 버는 법을 알려주세요

어려운 건 모르겠고, 돈 버는 법을 알려주세요

상위 1% 부자 3000명, 그 반전의 선택!

다구치 도모타카 지음 | 홍성민 옮김

청림출판

선택이 돈을 모은다

밖으로 나와 보니 갑자기 비가 무섭게 쏟아진다. 서둘러 회사로 돌아가야 하는데, 다행히 편의점도 백화점도 가까이에 있다. 우산을 사기로 한 당신, 어느 쪽을 선택할까?

A. 편의점에서 5000원짜리 비닐우산을 산다.
B. 백화점에서 5만 원짜리 고급 우산을 산다.

아마 거의 대부분은 비닐우산을 선택할 것이다. 왜? 값이 싸니까? 당장 비만 피할 수 있으면 되니까? 어차피 버릴 거라서?

지금 당장 비만 피하면 눈앞의 문제는 해결된다. 5000원으로 비를 맞지 않고 회사까지 갈 수 있으면 싸게 먹히는 것일 수도 있다. 그러나 '비닐우산'을 선택한 사람이 미래에 부자가 될 가능성은 낮다. 부자가 되는 사람은 고급 우산을 선택한다.

'돈에 여유가 있어서 그렇겠지…….'

나도 한때는 그렇게 생각했다. 그러나 그것은 잘못된 생각이었다.

당신은 미래에 부자가 될 수 있을까? 그 비밀이 바로 우산 '선택'에 감춰져 있다. 이유를 설명하기 전에 우선 내 이야기부터 하기로 하자.

저축만 열심히 한다고 부자가 될 수는 없다

창피한 이야기이지만, 나도 한때는 개인 파산 직전까지 갔던 '무능한 인간'이었다. 스물여섯 살 때 경마와 마작에 빠졌고, 클럽을 제집 드나들듯 다녔다. 옷도 브랜드만 걸쳤다.

그러다 보니 카드빚이 5000만 원으로 불어났다. 당시 한 달 수입은 가장 적을 때가 130만 원 정도였다.

어느 날 문득 깨닫게 되었다. '이대로 간다면 살길이 막막하지 않을까.' 무능한 내 자신이 혐오스러웠다. 그래서 달라지기로 결심했다. 그때까지의 생활방식을 버리고 열심히 노력한 결과 2년 만에 빚을 청산할 수 있었다.

'다시는 이렇게 살기 싫다. 두 번 다시 빚에 휘둘리고 싶지 않다.' 그렇게 맹세한 나는 '돈에 쫓기지 않는 삶money stress free'을 실현하기 위해 일자리를 찾고 열심히 돈을 모았다. 그러나 통장에 아무리 돈이 쌓여도 '돈 걱정'에서 벗어날 수는 없었다.

'어떻게 하면 부자가 될 수 있을까? 부자가 되는 데는 어떤 비밀이 있는 게 아닐까?' 그 '비밀'을 알아내고 싶었던 나는 인맥을 총동원해 비즈니스 세미나와 부유층의 모임에 숨어들었고, 부자나 이른바 성공했다는 사람들에게 가르침을 청했다. 그 수만 해도 3000명에 이른다.

그러자 부자가 될 수 있는 사람과 없는 사람의 차이가 조금씩 보이기 시작했다. 특히 A씨와의 만남이 내 생각을 바꾸는 결정적 계기가 되었다.

A씨는 회사를 3개나 경영하고 있었으니, 사회적으로나 경제적으로나 성공한 사람이었다. 바쁠 때도 얼굴에서 미소가 떠나지 않았고, 한순간도 여유를 잃지 않았다. 바로 내가 꿈꾸던 부자 그 자체였다.

'한마디도 놓치지 않을 거야!'

그의 말을 놓칠세라 열심히 메모하는 나를 보더니 A씨는 대뜸 이렇게 물었다.

"다구치 씨, 그 펜 어디서 샀어요?"

나는 그때 천원숍에서 구입한 3색 볼펜을 들고 있었다. 돈이 없던 내가 천원숍에서 볼펜을 사는 것은 어찌 보면 당연한 선택이었다. 내 대답을 들은 A씨는 마치 선언이라도 하듯 말했다.

"볼펜을 살 때 가격 말고 다른 것도 생각했나요? 아무리 부자가 되는 노하우를 열심히 배워도 천원숍 볼펜을 써서는 절대 부자가 될 수 없습니다."

당신을 부자로 만들어 줄 황금 규칙

지금은 큰 부자가 되었지만 A씨도 빚에 허덕일 때가 있었다. 그렇지만 그때도 그는 50만 원을 호가하는 고급 몽블랑 만년필을 사용했다.

15년 이상 함께해 온 만년필을 가방에서 꺼내 보여 주며, 그는 부자들만의 황금 규칙을 내게 알려 주었다.

"물론 천원숍에서 파는 볼펜으로도 글자는 쓸 수 있지요. 그러나 그런 펜은 질이 나빠서 잉크가 남아 있어도 금방 못 쓰게 됩니다. 애착도 가지 않으니 잃어버리기 십상이지요. 그럼 다시 값싼 볼펜을 사게 되겠죠? 그런데 고급 만년필은 잉크가 나오지 않는 일도 없고, 어찌 되었건 오래 쓸 수 있어요. 게다가 고가라서 애착을 갖고 소중히 다루지요. 무엇보다 고급 만년필을 사용하면 비즈니스 파트너에게 '이 사람은 신뢰할 수 있을 것 같다'는 인상을 줍니다. 성공한 사람일수록 이처럼 사소한 부분에 주목한답니다."

마지막으로 A씨는 이렇게 덧붙였다.

"다구치 씨, 부자는 독자적인 '잣대'를 갖고 있어요. 그것은 평생 부자가 될 수 없는 사람의 '잣대'보다 시간 축이 길지요."

지금도 나는 그의 말을 생생하게 기억한다.

그 이후로 '돈에 쫓기지 않는 삶'을 실현한 나는 돈의 중요성을 알리기 위해 전국 각지에서 강연과 상담을 진행하고 있다. 그 과정에서 돈에 대해 고민하는 사람들을 6000여 명이나 만났다. 그 경험을 근거로 자신 있게 말할 수 있다.

부자가 되는 사람, 부자가 될 수 없는 사람. 그 차이는 선택할 때의 '잣대'에 있다.

부자의 선택을 흉내 내면 된다

다시 맨 처음의 질문으로 돌아가 보자. 우산을 고를 때 당신은 '가격' 이외의 다른 요소도 생각했는가. 단순히 5000원이면 싸고, 5만 원이면 비싸다고 쉽게 단정하지는 않았는가. 내가 지금 무슨 말을 하려는지 그 의미를 이해한 사람도 있을 것이다.

부자에게 5000원짜리 비닐우산은 오히려 '비싼 물건'이다. 가격 대비 성능, 또는 비용 대비 효율성이 낮기 때문이다. 물론 5000원이라는 돈으로 당장의 비를 피할 수 있으니 좋은 선택이라고 생각할 수도 있다. 그러나 우리 대부분이 경험하듯이 비닐우산은 쉽게 잃어버리거나 손상된다. 그러면 비가 올 때마다 비닐우산을 사야 하는 상황에 이른다.

반면에 고급 우산은 비싼 만큼 손질을 자주 하게 되어 오래 쓸 수 있으므로 가성비가 높다. 또한 파트너에게 좋은 인상을 주어 협상이나 미팅이 잘 마무리될 수도 있고, 품질이 좋으니 사용하면서 기분이 좋아지는 심리적 효과도 기대할 수 있다. 당신은 우산을 고를 때 그런 부분까지 '잣대'를 적용해 판단했는가?

'나는 무리다!'라는 생각이 행동에 제동을 건다

'나도 여유 있는 부자라면 고급 우산을 살 수 있어.'

나 또한 이렇게 생각했던 적이 있었다. 그러나 잘 생각해 보자. 부자들 가운데 처음부터 부자였던 이들은 10퍼센트 밖에 안 된다. 나머지 90퍼센트는 처음부터 부자였던 게 아니다. 그들은 기본적으로 절약하는 태도를 견지하면서 다른 한편으로 다소 무리를 하더라도 써야 할 곳에는 돈을 쓰며 스스로 부자의 '잣대'를 갖게 된 것이다. 그리고 이 잣대는 그들을 부자로 만들어 주었다.

이는 물건을 살 때만 해당되는 게 아니다. 부자는 일, 인간관계, 투자, 생활 습관 등 일상의 모든 순간에서 부자의 '잣대'를 활용해 선택한다.

반대로 돈 걱정에서 벗어나지 못하는 사람은 '부자의 잣대'라는 게 있는지조차 모른 채 인생의 모든 선택을 해나간다. 그러니 아무리 열심히 돈을 모아도 평생 돈에 휘둘린다. 복권 1등에 당첨된 사람의 70퍼센트가 개인 파산을 겪게 되는 것도 바로 그런 이유 때문이다.

만약 당신이 부자의 잣대를 깨우치고 이를 통해 모든 선택을 하게 된다면 지금 당신의 연수입이 얼마든, 혹은 저축이 많든 적든 상관없다. 당신은 놀랍도록 쉽게 부자가 되는 길에 오를 수 있을 것이다.

2012년부터 아베 총리가 시행한 경제부흥 정책으로 소비세가 인상되고, 노후가 불안해지고, 빈부 격차가 심각해졌다. 돈에 대한 고민은 끝이 없다. 아니, 점점 더 커져만 간다. 저축만으로는 불확실한 미래를 대비하는 데 한계가 있다.

안타깝지만 부자의 잣대는 학교에서 배울 수 없다. 부잣집에서 태어나지 않는 한 쉽게 알 수 없을 것이다.

이 책으로 배워라. 이 책은 선택의 기로에서 둘 가운데 어느 쪽을 선택할지 생각해 보는 형태로 부자의 잣대를 쉽게 배울 수 있게 구성했다. 당신도 '부자의 잣대'를 배워 돈 걱정에서 벗어나기를 바란다.

부자가 되는 사람은 어느 쪽?

다음 질문을 보고 A와 B 가운데 해당하는 것을 골라 보자.

☐ 돈을 맡기는 곳은?
    A. 대형 은행   B. 인터넷 전문 은행*

☐ 사용하는 수첩은?
    A. 스마트폰의 애플리케이션   B. 종이 수첩

☐ 서점에서 책을 살 때는?
    A. 좋아하는 분야의 코너에서 찾는다   B. 베스트셀러 코너에서 찾는다

☐ 약속 장소에 도착하는 시간은?
    A. 3분 전   B. 30분 전

☐ 최근 몸의 피로가 가시지 않는다. 어떻게 할까?
    A. 건강보조제를 먹는다   B. 피트니스클럽에 다닌다

☐ 친구한테 자주 듣는 말은?
    A. 협조성이 있다!   B. 제멋대로다!

* 인터넷 전문 은행은 점포 없이 인터넷과 콜센터에서 예금 수신과 대출 등의 업무를 하는 은행이다.

☐ 여름휴가 여행지를 정할 때는?
A. 인터넷에서 찾는다   B. 친구에게 묻는다

☐ 출퇴근용 가방은 무거운가, 가벼운가?
A. 무겁다   B. 가볍다

☐ 투자를 시작한다면 가장 먼저 할 것은?
A. 세미나를 들으러 다닌다   B. 책 한 권으로 철저히 배운다

☐ 이달의 솔직한 스케줄은?
A. 예정으로 꽉 찼다   B. 많이 비어 있다

☐ 회사일로 출장을 가는데, 예산이 남아 좋은 곳에
묵을 수 있다면?
A. 주저 없이 일급 호텔   B. 그래도 저렴한 비즈니스호텔

☐ 친구와 만나기로 할 때는 어느 쪽인가?
A. 늘 연락을 받는다   B. 늘 먼저 연락한다

B를 고른 질문의 개수를 세어 자신이 어느 유형에 해당하는지 확인한다.

>>> 11~12개인 사람: 행복한 부자

경제적 자립을 할 수 있다!
돈에 관한 지식, 돈을 버는 능력이 있으며, 경제적 자립에
가장 가까운 유형이다. 다시 한 번 돈에 대한 사고방식과
사용법을 점검해 당신의 미래를 더욱 확실하게 하자.

>>> 7~10개인 사람: 까다로운 작은 부자

돈을 모을 수는 있지만 행복도는 낮다!
돈은 벌 수 있지만 경쟁과 인간관계 등으로
피로와 불안이 쌓인다. 노력의 질을 바꿀 필요가 있다.

››› 3~6개인 사람: 미래가 불안한 예비 가난뱅이

즐거운 것은 지금뿐?
'절약'도 몸에 배어 있고,
하루하루를 즐겁게 보낼 수 있는 유형이다.
그러나 현상 유지는 할 수 있어도 미래가 어둡다.
위기감이 별로 없는 당신, 당장 생활 습관을 점검해야 한다.

››› 0~2개인 사람: 위기의 가난뱅이

돈, 일, 건강…… 바꾸려면 지금 당장!
이대로는 '부자'가 되기 힘든 유형이다.
돈을 대하는 생활 습관을 바꾸면 다른 유형보다
효과가 가장 크게 나타날 수 있다.

이 진단은 어디까지나 '장래의 가능성'을 알아보는 데 의미가 있
다. 그러니 결과가 부자와 거리가 먼 사람일수록 더욱 이 책을 읽
고 부자의 '잣대'를 습득하기 바란다.

contents

chapter 1 부자는 절대 돈에 쫓기지 않는다

chapter 2 부자가 되는 길은 디테일에 있다

chapter 3 돈이 모이는 업무 스타일은 따로 있다

돈을 불리는 부자들의 투자 비밀

chapter **4**

사람이 모이는 곳에 돈이 모인다

chapter 6

chapter 1

부자는
절대 돈에
쫓기지 않는다

CASE #01

돈 얘기를 자주 하는 편인가?

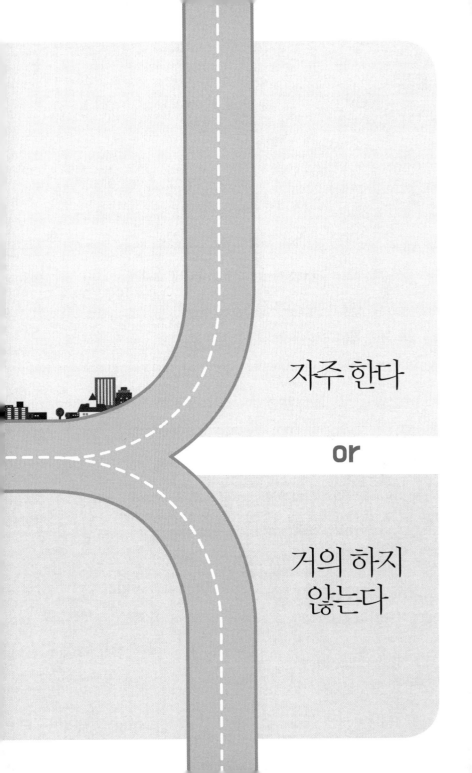

자주 한다

or

거의 하지
않는다

"○○씨는 전직해서 월급도 오른 모양이에요."

"또 보험료가 인상해 손에 쥐는 월급이 줄었어."

"우리 남편 월급으로 사치는 생각도 못해."

지하철이나 카페에서 이런 대화를 종종 듣는다. 의외로 '돈' 이야기가 많다. 대화에 돈 이야기가 자주 등장하는 사람은 돈이 모든 일의 판단 기준이 된다. 무슨 일이든 "얼마야?", "벌이가 되나?"라는 말부터 하고 본다.

부자가 되는 것이 꿈이라는 남자를 만났을 때였다. 나는 전날 묵었던 온천여관 이야기를 꺼냈다.

"그곳, 물도 뜨겁고 서비스도 좋았어요."

그렇게 한번 가보라고 권했는데, 그는 내 말이 끝나기가 무섭게 이렇게 질문했다.

"거기 숙박비는 얼마예요?"

내가 금액을 알려주자, 그는 "지금 내게는 사치예요" 하며 퉁명스러운 표정을 지었다.

나는 여관 이야기는 거기서 접기로 했다. 아무리 온천여관의 매력을 설명해도 돈이 판단 기준인 그에게는 전혀 와 닿을 리 없기 때문이다.

부자가 되는 사람은 그와는 정반대다. 사람들 앞에서 돈 이야기를 거의 하지 않는다. 똑같이 온천여관 이야기를 하면 "어떤 온천이에요?", "어떤 서비스가 좋던가요?" 하고 그곳의 매력을 먼저 듣고 싶어 한다. 마지막에는 숙박비가 얼마인지 묻기도 하겠지만, 이미 '가보고 싶다'는 생각에 들떠 요금이 비싸도 어떻게 그 돈을 만들지를 궁리한다.

부자는 벌이가 된다고 말하지 않는다

돈 이야기를 먼저 하는 사람은 본질을 오인한다. 예를 들어 전직할 때도 수입이 오를지 말지에만 신경을 써서 자신이 정말 하고 싶은 일인지, 장래성은 있는지 등의 본질을 놓친다. '벌이가 될 것 같아서' 하고 눈앞의 이익에 눈이 어두워 실패하는 것은 돈을 판단 기준으로 삼기 때문이다.

'부자는 돈을 좋아하니까 항상 돈 이야기를 하지 않을까'라고 생각할지 모르지만, 절대 그렇지 않다. 부자가 되는 사람은 본질 파악을 우선하고 눈앞의 손익 계산은 뒤로 미룬다. 그래서 자신에게 유리하도록 냉정한 판단을 내릴 수 있다.

반면에 돈이 판단 기준인 사람은 큰돈을 벌면 주위에 말하고 싶어 안달한다. 그러나 우리는 모난 돌이 정 맞는 사회에 살고 있어 주위의 질투와 곡해로 발목을 잡히기 쉽다.

부자는 그 점을 잘 알기 때문에 사람들 앞에서 절대 돈을 화제로 삼지 않는다.

"요즘 벌이가 어때?"

"뭐, 조금."

천하제일의 상인으로 일컬어지는 오사카 사람들의 이런 대화는 부자가 봐도 이치에 맞는다.

A.N.S.W.E.R

부자가 되는 사람은
손익계산은
뒤로 미룬다

CASE #02

가정경제 관리는?

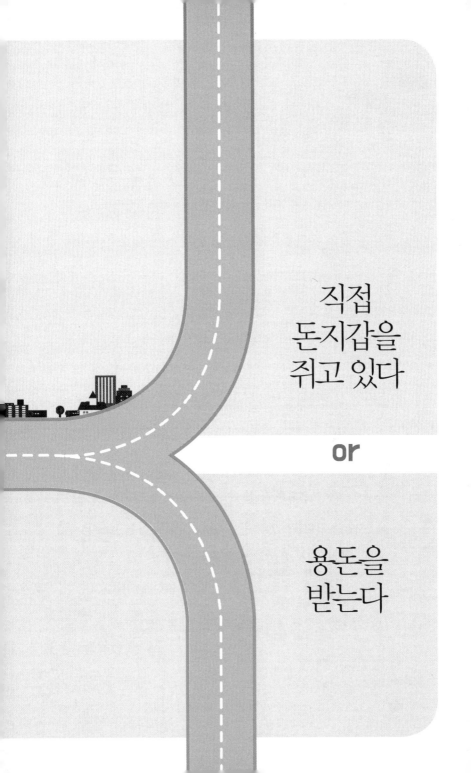

직접
돈지갑을
쥐고 있다

or

용돈을
받는다

"우리 집은 용돈제예요. 이달은 남은 10만 원으로 살아야 해요……."

상담을 받으러 오는 사람에게 물으면 이렇게 대답하는 경우가 많다. 대개의 가정에서 남편들이 용돈을 받아 생활하는 모양이다.

그러나 내가 아는 부자 가운데 용돈을 받아 쓰는 사람은 극소수다. 거의 대부분 자신이 돈지갑을 쥐고 있거나 맞벌이 배우자와 따로 관리한다.

'용돈을 받아 생활하면 쓸 수 있는 금액이 정해져 있어서 돈을 모으기 쉽다'고 생각하는 사람이 많다. 물론 절약은 필요하다. 분명 부자가 되는 첫걸음은 낭비를 금하고 절약하는 것이다.

그러나 여기서 분명히 말한다. 직접 돈지갑을 쥐고 돈을 통제하지 못하면 부자가 될 수 없다. 용돈제는 '지출'은 줄일 수 있어도 '수입'을 늘린다는 면에서는 부정적이다. 즉 부자가 될 수는 없다.

한 예로 집안의 가장이 남편이라면 그가 아내에게 용돈을 건네주는 경우는 그나마 낫다. 그러나 아내가 가장인 남편에게 용돈을 주는 경우는 문제가 있다.

조사 결과에 따르면, 직장인이 한 달에 받는 용돈은 평균 39만 5720원이라고 한다. 하루에 쓸 수 있는 금액은 1만 3000원 정도다. 그 한도 안에서 생활하자니 점심을 5000원 이내로 해결하기 위해 무엇을 먹을지 고민하는 직장인이 많다. 이처럼 자유롭게 쓸 수 있는 돈이 한정되면 판단의 '잣대'도 점점 짧아진다.

지금 용돈을 받아 생활하고 있다면 당장 그만두자

부자가 될 수 없는 사람은 짧은 '잣대'를 갖고 있어서 눈앞의 손익계산으로 돈을 쓰게 된다. '잣대'의 길이 차이가 바로 부자가 될 수 있을지 없을지를 가르는 포인트다.

오해를 무릅쓰고 말하면, 점심을 5000원 이내로 해결하려 애쓰는 사람이 갑자기 쏟아지는 비에 5만 원짜리 고급 우산을 사려 할까? 5000원짜리 비닐우산을 사는 것조차 주저할 것이다.

<u>판단 기준의 '잣대'가 짧아지면 비즈니스 판단도 무뎌진다.</u> 예를 들어 자신에게 도움이 될 세미나가 있는데, 참가비가 30만 원이다. 이때 '잣대'가 짧으면 '30만 원은 아까우니, 좀 더 저렴한 세미나를 찾아보자'는 생각을 한다. 또 일로 이어질 술자리가 있는데, 이달은 용돈이 부족하다는 이유로 거절하며 기회를 놓친다.

부자가 되는 사람은 자신이 돈을 관리한다. 백 번 양보해 용돈제로 산다 해도 '자기투자용' 지갑을 따로 만드는 등 유연하게 돈을 쓸 궁리를 해야 한다.

A.N.S.W.E.R

부자가 되는 사람은
상황에 맞게
돈을 쓸 수 있다

CASE #03

수입을 늘리고 싶다면?

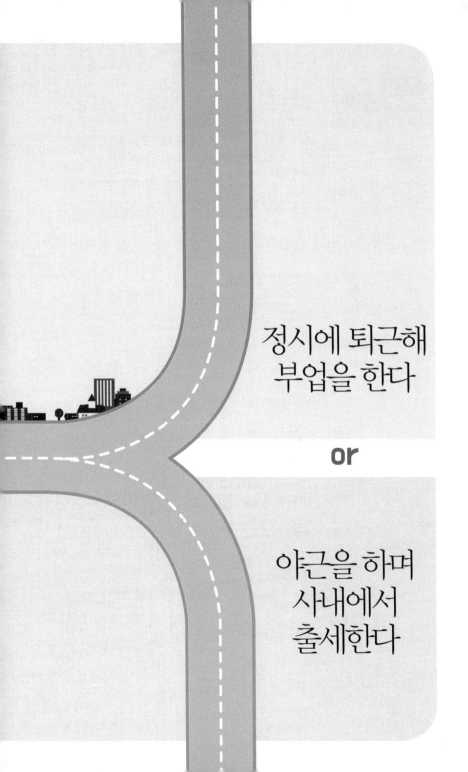

정시에 퇴근해
부업을 한다

or

야근을 하며
사내에서
출세한다

'부자가 되기 위해 적극적으로 야근을 해 출세를 노린다.'

만일 당신이 진짜 부자가 되고 싶다면 당장 생각을 바꿔야 한다. 지금까지 많은 부자를 만났지만, '직장인으로 부지런히 일해서 출세했다'는 부자는 거의 없었다. 있어도 극소수에 불과하다.

왜 직장인으로 출세해서는 부자가 될 수 없을까? 물론 직장에서 성과를 내면 직급도, 월급도 오른다. 그러나 수입이 느는 만큼 지출도 는다는 것이 문제다. 매달 실수입이 증가하면 집세가 비싼 고급 아파트로 이사하고 싶고, 은행에서 대출을 받아 집도 사고 자동차도 사고 싶어진다. 음식도 고급스러운 것만 찾게 되고, 취미나 오락에 쓰는 돈도 늘어난다.

어지간한 절약가가 아닌 한 이런 충동을 억제하기는 어렵다. 또 직장인으로 일하는 한 월급은 한계가 있다. 자기 사업을 하는 사람처럼 무작정 수입이 오를 가능성은 낮다. 그렇기 때문에 잔업을 해서 승진해도 돈 걱정을 하지 않는 삶을 실현할 가능성은 지극히 낮다.

부수입은 '양'이 아닌 '흐름'을 늘린다

부자가 되는 사람은 정시에 퇴근해 '부업'을 한다. 여기서 말하는 부업은 음식점이나 공장 아르바이트처럼 자신의 시간을 잘라 파는, '고용되는 일'이 아니다. 자신이 주체가 되어 하는 일이다. 인터넷 비즈니스나 부동산 투자, 아니면 창작 활동일 수도 있다. 자신이 잘하는 일이나 하고 싶은 일을 부업으로 시작하는 것이다.

처음에는 큰 수입이 생기지 않을 수도 있다. 그래도 상관없다. 수만 원, 수십만 원 정도의 수입원이라도 샘물이 흘러 흘러 조금씩 넓어져 강물이 되듯이 액수를 늘려 나갈 수 있다. 포기하지 않고 수입의 흐름을 넓혀 가다 보면 거기서 얻어지는 이익이 결국 직장인으로 받는 본업의 수입을 뛰어넘는다. 그렇게 되면 이제 독립을 생각할 수 있다.

수입을 회사 월급과 비교하며 '이게 뭐야!' 하고 포기하는 사람이 많다. 그렇기 때문에 긴 '잣대'를 갖고 계속 해나갈 수 있는 사람이 부자가 되는 것이다.

대개의 부자는 이런 과정을 거친다. 이것이 바로 부자가 되는 황금 규칙이다.

갑자기 직장을 그만두고 독립해 일확천금을 실현하는 사람은 극소수다. 부자가 되기 위해 상사의 마음에 들겠다고 야근을 하기보다는 회사 일은 효율적으로 끝내고 퇴근 후의 시간과 휴일을 이용해 '수입의 복선화'에 힘써야 한다.

A.N.S.W.E.R

부자가 되는 사람은
부업을 거친 뒤
독립한다

CASE #04

당신이 돈을 대하는 태도는?

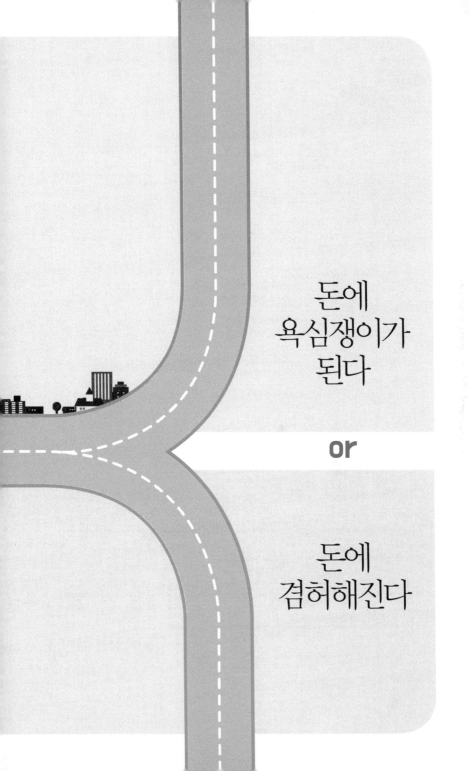

돈에
욕심쟁이가
된다

or

돈에
겸허해진다

"생활하기에 충분한 수입이면 족하다."

"돈이 있다고 행복한 것은 아니다."

요즈음 젊은이들은 돈에 대해 이렇게 말한다. 좋게 말하면 '만족함을 아는 생활'을 깨달은 것인데, '과연 진심일까?' 하는 의문이 든다. 이미 부자가 된 사람이 '만족함을 아는 것'은 겸허하고 훌륭한 생각이지만, 부자가 아닌 사람이 진심으로 자신의 삶에 만족하고 깨달음을 얻을 수 있을까?

실제로 이렇게 말하는 사람에게 물어보면 "돈은 없는 것보다 있는 것이 좋다"고 대답한다. 즉 만족함을 안다기보다는 '자신의 욕망을 억제하고 인내한다'는 표현이 정확할 것이다. 돈이 없는 현실을 받아들이기 위해 '만족함을 안다'고 말하는 것에 불과하다. 당연히 스스로 돈을 버는 것에 브레이크를 거는 사람에게 돈이 모일 리 없다.

부자는 정말 욕심쟁이일까?

돈에 욕심쟁이인 사람이 그렇지 않은 사람보다 단연 부자가 될 가능성이 높다. '부자가 되고 싶다'고 생각한 데는 그 나름의 동기가 있을 것이다. 고급 차를 사고 싶다, 넓은 집에서 살고 싶다, 이성에게 인기를 얻고 싶다……. 고상한 이유 없이 본능적인 욕망만으로도 강렬한 동기가 된다.

따라서 정말 부자가 되고 싶으면 '이글거리는 욕망'을 갖는 것이 좋다. 이렇게 말하면 꼭 이런 식으로 비판하는 사람이 있다.

"돈에 집착하면 인간이 안 된다."

"세상에는 돈보다 중요한 것이 있다."

우리 사회에는 돈벌이를 죄악시하는 사람이 많다. 한때 학원에서 강사로 일한 적이 있는데, 스물한 살 때 월 500만 원을 받았다. 적지 않은 액수였다. 그러자 주위에서 이렇게 말하기 시작했다.

"기세등등한데 뭔가 나쁜 일이라도 하는 거 아냐? 그러다

큰코다친다."

이때 '돈을 많이 버는 것=나쁜 일'이라는 이미지가 우리의 머릿속에 박혀 있다는 것을 알았다. 물론 부자들 가운데 나쁜 짓을 하는 사람도 있지만 '부자=악惡'은 도시 괴담만큼이나 근거가 없는 말이다.

'부자는 세상을 행복하게 하는 많은 도움을 주기 때문에 얻을 수 있는 보수도 많아진다.' 그렇게 생각하고 돈에 대한 관점을 바꿔 보자.

A.N.S.W.E.R

부자가 되는 사람은
욕망을 원동력으로 삼는다

CASE #05

꼭 갖고 싶은 것을 살 때는?

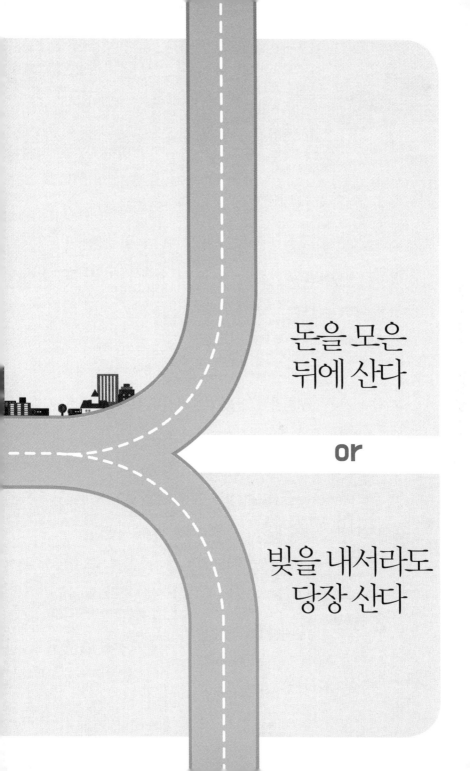

돈을 모은
뒤에 산다

or

빚을 내서라도
당장 산다

　신출내기 세일즈맨 이야기다. 직장을 다니다 갓 독립해 지명도도, 실적도 없었다. 물론 수입도 거의 없었다. 그러나 그의 손목에는 값비싼 손목시계가 번쩍이고 있었다. 500만 원은 훌쩍 넘어 보이는 롤렉스 시계였다.

　"시계, 좋네요!" 하고 말하니 그는 대출을 받아 산 것이라고 했다. 보통 사람이라면 '돈을 벌어서 사면 될 텐데' 하고 생각했을지 모른다. 그러나 그의 발상은 달랐다.

　"영업은 신용 장사죠. 신뢰를 얻어야 장사가 되는데, 싸구려 손목시계를 차면 설득력이 떨어지잖아요. 고급 시계를 차면 달라요. 그래서 양복도, 시계도 대출로 구입했습니다."

　그는 현재 카리스마 있는 영업맨으로 성공해 롤렉스뿐 아니라 값비싼 손목시계를 여러 개 두고 날마다 바꿔 가며 차고 다닌다.

'돈을 벌고 나서!'라는 생각은 버려라

부자는 자신에게 꼭 필요한 것이 있으면 빚을 내서라도 갖는다. '돈이 모일 때까지 기다리면 기회를 놓친다'고 생각한다. 소프트뱅크 창업자 손정의가 거액의 빚을 지면서도 회사를 매수해 사업을 차례로 확대할 수 있었던 것은 '지금이다!' 싶을 때 기회를 놓치지 않고 빚을 유망한 투자로 돌리는 결단을 했기 때문이다.

앞서 이야기한 세일즈맨도 '영업이라는 일에서 성과를 낸 다음 롤렉스를 사자'고 생각해 싸구려 양복과 손목시계로 고객들을 상대했다면 신뢰를 얻지 못하고, 성공도 할 수 없었을지 모른다. '돈을 벌고 나서!'라는 생각으로는 때를 놓친다. 기회를 활용할 수 없다.

비즈니스 기회가 눈앞에 있는데, '창업 자금이 없어서'라고 생각하며 보고만 있으면 10년이 지나도 성공하지 못한다. 성공하기 위해서는 필요하다는 확신이 서면 돈을 빌려서라도 손에 넣어야 한다. 부자가 되려면 그러한 대담함이 필요하다.

물론 뭐든 빚부터 지라는 말은 아니다. 빚에는 좋은 빚과 나쁜 빚이 있다. 나쁜 빚은 낭비가 원인인 빚이다. 예전의 나처럼 파친코나 경마에 정신이 팔려 개인 파산 직전까지 내몰리는 경우가 그렇다.

그러나 좋은 빚은 돈을 버는 원동력이 된다. 빌린 돈은 서둘러 갚아야 하므로 열심히 일하고 지혜를 짜내는 동기가 된다. 빚을 권할 생각은 없지만 '빚은 곧 나쁘다'는 의식을 바꾸지 않는 한 부자가 될 수 없다.

A.N.S.W.E.R

부자가 되는 사람은
빚을 내서라도
기회를 잡는다

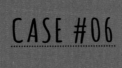

CASE #06

고객을 늘리는 방법은?

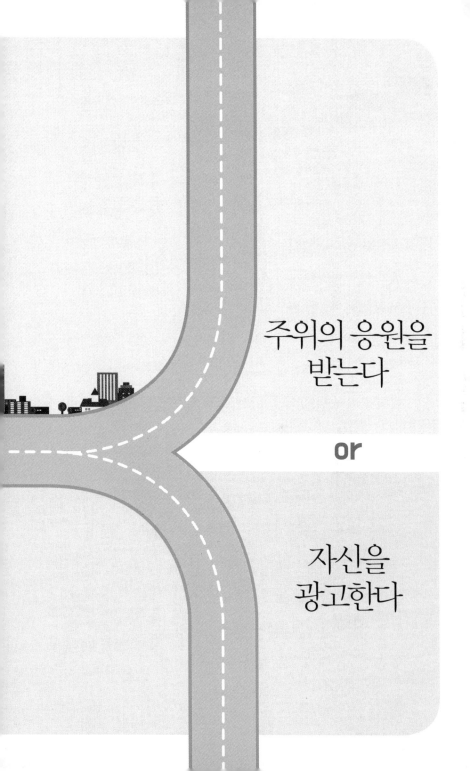

주위의 응원을
받는다

or

자신을
광고한다

　세상에는 지속적으로 결과를 낼 수 있는 사람과 그렇지 못한 사람이 있다. 7년 동안 보험회사에서 일했었는데, 그때의 경험에 비추어 봐도 그것은 확실하다.

　지속적으로 결과를 낼 수 있는 사람은 스스로 광고하지 않아도 기존 고객들의 소개로 신규 고객이 늘어난다. 당연히 줄줄이 손님이 이어져 판매액도 커진다. 반면 결과를 내지 못하는 사람은 무리하게 자신을 광고해 일시적으로 판매액이 늘기는 하지만 오래가지 못하고 이내 감소한다.

　둘의 차이는 어디에 있을까. 바로 '주위의 응원'이다. 지속적으로 결과를 내는 사람은 상대에게 '이 사람은 신뢰할 수 있다', '이 사람에게 도움을 주고 싶다'는 마음을 심어 주기 때문에 차례로 고객을 소개받는다. 그러나 그렇지 않은 사람은 자신을 광고해 억지로 결과를 내려고 한다. 무리를 한다는 것은 상대에게도 전해지기 마련이다. 경계심과 부정적인 기분을 느낀 상대는 '될 수 있으면 가까이 하고 싶지 않다'고 생각한다.

이것은 모든 비즈니스에 해당된다. 주위의 응원을 받는 사람은 인간관계의 폭이 점점 넓어진다. 사람이 모이는 곳에 돈과 일이 모인다. 응원해 주는 사람이 늘어날수록 부자가 된다.

부자가 되는 사람은 보고의 달인이다

어떻게 해야 주위의 응원을 받는 사람이 될까? 가장 간단한 방법이 있다. 바로 '보고하는 사람'이 되는 것이다.

내가 경제 전문가로서 강의를 할 수 있었던 것은 저명한 투자가의 권유 덕분이다. 어째서 저명한 투자가가 나같이 이름 없는 사람에게 같이 강연을 해보자고 제안했을까? 그것은 그가 발행하는 뉴스레터를 읽고 실천 성과를 보고했기 때문이다. "뉴스레터에 쓰여 있는 대로 했더니 이런 성과를 얻었습니다!" 하고 1년 가까이 보고했더니 그 성과를 강연에서 발표해 달라고 제안이 온 것이다.

책과 강연으로 정보를 발신하는 편에서는 전달한 내용을 실행해 보고해 주는 사람을 저절로 응원하는 마음이 생긴다. 반대로, 상담을 해주었는데 아무 보고도 하지 않는 사람은 응원하고 싶어도 할 수가 없다.

부자가 되는 사람은 보고의 달인이다. 직장에서도 상사에게 자주 보고하는 사람은 신뢰를 얻어 출세한다. 조언을 해주면 실행하여 결과를 보고하자. 누구나 할 수 있지만 아무도 하지 않는 것이 부자가 될 수 있는 길을 가르는 포인트다.

A.N.S.W.E.R

부자가 되는 사람은
성과를 보고한다

CASE #07

소비세 인상에 대한 반응은?

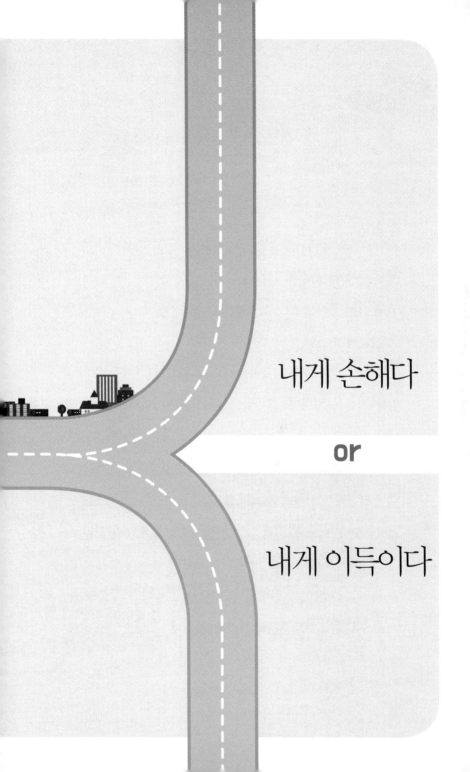

내게 손해다

or

내게 이득이다

소비세를 올리기로 결정했다는 뉴스를 들었을 때 당신은 어떤 생각을 했는가? '물가가 오르니 생활은 더 빠듯해지겠구나'라고 생각한 사람이 많을 것이다. 이들은 '소비세 증세는 자신에게 손해'라고 인식한 것이다.

수입은 그대로인데 소비세가 오르면 가정경제가 압박을 받는 것은 분명하다. 그만큼을 떼어내면 마이너스가 될 테니까.

그러나 부자가 되는 사람은 '소비세가 인상되면 물가가 오르겠구나'라는 생각으로 끝나지 않는다. 거기서 그치지 않고, '소비세가 인상된다. 그럼 어떻게 할까?' 하는 발상을 한다.

'소비세가 올랐는데도 지금까지 해왔던 대로 수입과 지출을 유지하면 당연히 살림이 쪼들린다. 그렇다면 지출을 줄이고 수입을 늘려 생활을 개선해야 한다. 보험을 재조정해

지출을 줄여 보는 것은 어떨까? 부업을 시작해 수입을 늘리는 것은 어떨까? 소비세 인상이 없었으면 타성에 젖어 그대로 흘러갔을 수도 있다. 하지만 덕분에 살림살이와 일하는 방식을 다시 생각하는 계기가 되었다.'

이처럼 언뜻 부정적인 뉴스를 듣고도 긍정적으로 받아들이는 사람이 바로 부자가 될 수 있는 사람이다. 오랜 옛날부터 부자들에게 전혀 내려오는 말이 있다. 바로 부자는 위기를 기회로 인식한다는 것이다.

부자는 소비세로 세상을 읽는다

부자는 한 가지 뉴스를 두고 표면만 읽지 않는다. 나름대로 분석해 행동에 활용한다. '소비세가 인상된다'는 소식에 이렇게 생각한 부자도 있을 것이다.

'소비세가 오르면 물가가 상승해 디플레이션에서 벗어난다. 그렇게 되면 경기가 좋아지고 주가도 오른다. 따라서 투자를 할 생각이라면 지금이 기회다.'

반대로 '소비세 인상이 연기되었다'는 뉴스를 듣고 이렇게 생각한 투자가도 있었을 것이다. (일본은 2015년 10월, 소비세 인상 시기를 2017년 4월로 연기했다가 2016년 6월 1일에 다시 2019년 10월로 연기했다.)

'소비세가 보류되면 재정 재건은 불투명해진다. 국제사회는 일본이 재정 불안을 해결할 수 없을 것이라 생각할 테고, 그렇게 되면 일본의 주가는 떨어진다. 주식은 지금 처분하는 것이 좋다.'

부자들은 결코 '소비세 인상이 연기되면 현상 유지가 되니 살림살이도 걱정 없다'고 표면만 읽고 긍정적으로 받아들이지 않는다. 물론 예상이나 분석은 빗나가기도 한다. 그러나 뉴스나 현상만 보고 '잘됐다' 또는 '큰일났다'라고 하면 다음 행동을 할 수 없다. 도리어 시대의 변화에 뒤떨어진다.

반면에 뉴스를 자신의 살림살이나 일하는 방식, 투자에 대한 힌트로 연결할 수 있는 사람은 분석력을 키워 시대의 변화에 대응할 수 있다. 아무 행동도 하지 않고 일희일비하는 것보다 이편이 훨씬 의미 있다. 어느 쪽이 부자가 될 기회를 잡을 수 있는지는 불 보듯 뻔하다.

A . N . S . W . E . R

부자가 되는 사람은
나쁜 뉴스를
기회로 인식한다

chapter 2

부자가
되는 길은
디테일에 있다

CASE #08

지갑 속 신용카드는 몇 장?

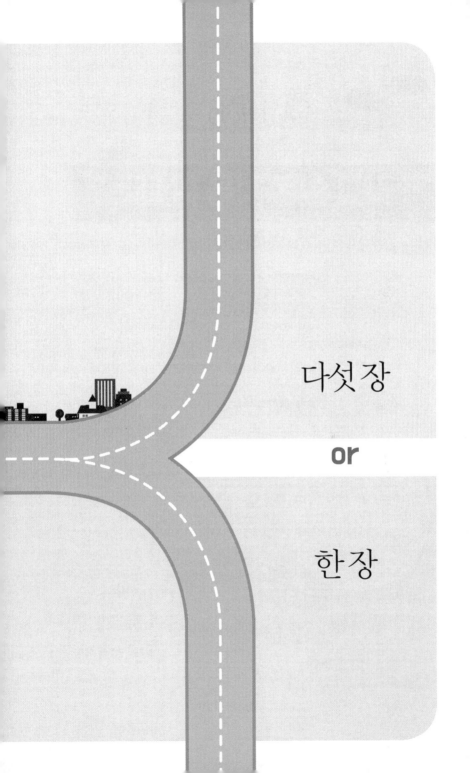

다섯 장

or

한장

'부자들의 지갑에서는 골드카드, 플래티넘카드, 슈퍼플래티넘카드가 번쩍거린다. 그래서 쇼핑할 때는 늘 그 번쩍이는 신용카드를 꺼내 사용한다.' 이런 이미지가 강한데, 현실의 부자는 다르다.

물론 쇼핑이나 외식을 할 때 신용카드를 자주 사용하기는 한다. 특히 여럿이 식사할 때는 카드로 계산하는 것이 깔끔하다. 잔돈이 필요 없으니 편리하다.

다만 부자들은 단 한 장의 신용카드만 사용한다. 카드를 여러 장 가지고 다니는 사람도 있지만 주로 사용하는 카드는 언제나 한 장이다.

오히려 다섯 장이나 되는 카드를 가지고 다니는 사람은 벼락부자이거나 신용카드로 빚을 만드는 사람이다.

예전의 내가 그랬다. 도박과 클럽에 빠져 신용카드를 마구

긁어댔다. 한도액이 초과되면 새 카드를 만들어 썼다. 이런 짓을 반복하다 보니 지갑 안은 온갖 신용카드로 채워졌다.

신용카드가 여러 장 있으면 돈의 흐름을 알 수 없다. 빚을 모두 얼마나 졌는지, 이자는 얼마나 늘었는지 파악할 수 없는 상태가 된다.

부자가 되는 과정에서 기본은 수입과 지출을 관리하는 것이다. 신용카드가 늘어날수록 관리 자체가 어려워진다.

리볼빙 서비스를 이용하면 부자가 될 수 없다

나는 신용카드를 한 장만 갖고 있다. 한 장이면 수입과 지출을 간단하게 관리할 수 있다.

신용카드를 사용할 때는 일시불이 원칙이다. 돈이 없던 시절에는 매달 지불액이 일정한 '리볼빙 서비스(신용카드 사용 금액의 일부를 결제하면 나머지 결제 금액에 대해서는 장기적으로 분할하여 결제할 수 있는 제도)'의 유혹에 넘어갔는데, 결과적으로 부자의 길에서 확실히 멀어지고 말았다.

리볼빙 서비스를 이용하면 매달 결제 부담을 줄일 수 있는 대신 기간이 질질 늘어난다. 당연히 그사이에도 이자는 불어나기 때문에 아무리 결제해도 원금은 줄지 않는다.

참고로 부자는 <u>연회비가 무료인 신용카드가 아니라 연회비를 내는 골드카드를 소유한다.</u> 연회비를 내는 카드로는 공항의 회원 전용 라운지를 이용할 수 있기 때문이다. 공항을 자주 이용하는 부자에게 공항에서 스트레스를 받지 않고 서비스를 받을 수 있는 특전은 가성비가 크다.

A.N.S.W.E.R

부자가 되는 사람은
신용카드를 현명하게
사용한다

CASE #09

책을 고르는 기준은?

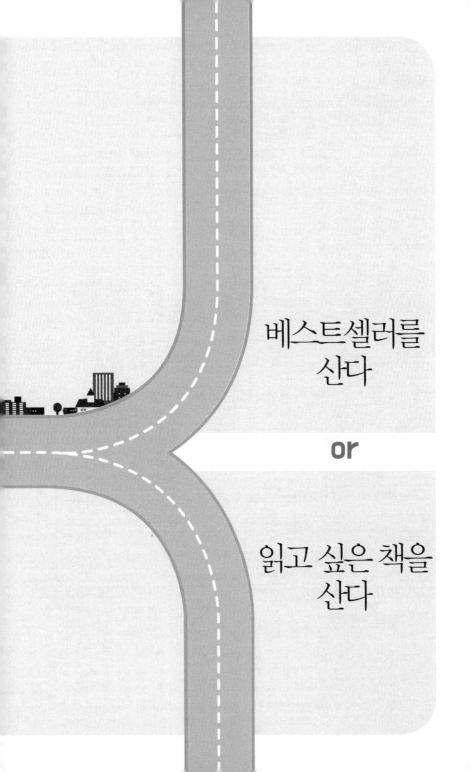

베스트셀러를
산다

or

읽고 싶은 책을
산다

　부자들은 독서를 많이 한다. 틀림없는 사실이다. 내 주위에도 일주일에 10권 이상 책을 읽는 다독가가 많고, 대개 일주일에 한 권은 비즈니스 서적을 읽는다. 내 경험에 비추어 보면, '책을 읽는 양'과 '수입의 크기'는 비례한다.

　왜 그럴까? 비즈니스 서적에는 성공의 비결이 담겨 있다. 그 진수를 일에 적절히 활용하면 빠른 속도로 성과를 올릴 수 있다.

　지인이 아니라면 만날 수도 없는 성공한 사람의 비법을 책에서는 간단히 배울 수 있다. 게다가 비용은 기껏해야 1만 5000원 정도. '배움의 대가'를 이렇게 저렴한 가격으로 얻을 수 있다면 당연히 책을 읽어야 한다. 부자가 되는 사람은 책에서 배우는 것이 성공에 이르는 지름길이라는 것을 알고 있다.

그렇다면 부자들은 자신이 읽을 책을 어떻게 고를까? 물론 자신의 전문 분야나 흥미가 있는 주제의 책을 구입하겠지만, 의외로 '읽고 싶은 책'이 아닌 책도 많이 구입한다.

특히 부자들이 주목하는 것이 '베스트셀러 순위'다. 부자는 자기 스타일이 강해서 책도 자신의 취향에 맞게 고를 것이라고 생각하는데, 스타일이 강한 것은 사실이지만 그와 동시에 유연성도 함께 갖고 있다. 그래서 자신이 읽고 싶은 책만 읽는 일은 거의 없다.

부자들은 베스트셀러도 적극적으로 읽는다.

유행에 민감하지 않으면 부자가 될 수 없다

사실 부자는 유행을 싫어하지 않는다. 오히려 유행에 민감한 사람이 많다. 그래서 어떤 상품이나 서비스가 인기 있는지 관심을 갖고, 실제로 체험해 본다.

줄을 서는 것은 시간 낭비라고 생각해 하지 않지만, 적극적으로 유행을 따르는 민첩함이 있다. 체험을 통해 시대의 흐름을 파악하여 다음에는 무엇이 히트할지 징후를 찾고 자신의 비즈니스에도 활용한다.

또 그런 유행은 평소에 화젯거리로 삼기도 쉽다. 비즈니스로 알게 된 사람과 "그 상품, 괜찮죠?"하고 공통의 화제를 찾으면 거리가 단번에 가까워진다.

베스트셀러 책도 마찬가지다. 어떤 책이 많은 사람에게 읽히는지, 사회는 무엇을 요구하는지, 시대의 공기를 베스트셀러에서 짐작할 수 있다. 또 평소에 읽지 않는 장르의 책은 편견 없이 읽을 수 있어서 일의 힌트를 발견하는 경우가 의외로 많다.

A.N.S.W.E.R

부자가 되는 사람은
의외로 유행에 민감하다

CASE #10

일정 관리 기록은 어디에?

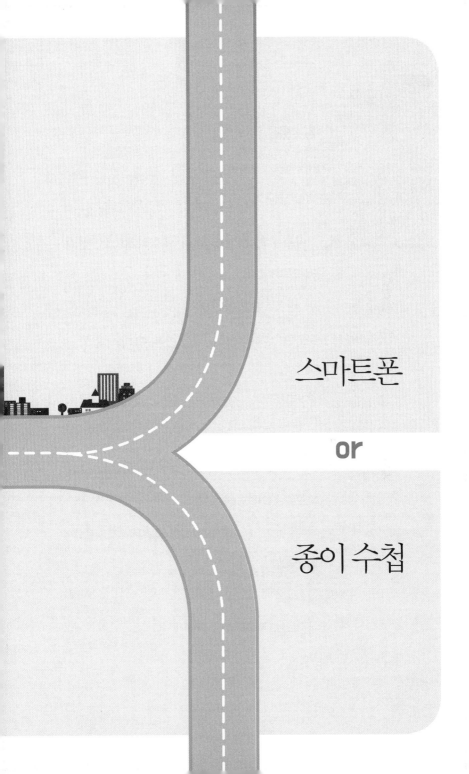

스마트폰

or

종이 수첩

"다구치 씨, 스마트폰의 스케줄 관리 애플리케이션, 정말 편리한데 왜 그걸 안 써요?"

요즘 들어 이런 말을 자주 듣곤 한다. 최근에는 스마트폰 애플리케이션의 성능이 좋아져서 IT 기기로 스케줄을 관리하는 사람이 많다.

'효율을 중시하는 부자는 스마트폰 애플리케이션을 사용하지 않을까?'

막연하게 이렇게 생각하는 사람들이 많은데, 부자는 단연 종이로 된 '아날로그 수첩'을 사용한다. 수첩 사용법이 다른 사람들과 다르기 때문이다. 부자는 수첩을 단순한 스케줄 관리 도구로 보지 않는다.

그럼 어떻게 사용할까? 그들은 사실 수첩을 '회상' 도구로 활용한다. 나는 10년 전부터 같은 제조사의 종이 수첩을 쓰고 있다. 수첩에는 '언제, 어디서, 누구와 만났다'는 기본적인 스케줄만 쓰여 있지만, 10년 동안 수첩을 모아 두어서 언제든 내용을 다시 확인해 볼 수 있다.

부자는 만남의 중요성을 어필한다

예컨대 나는 수첩을 이런 식으로 활용한다.

오랜만에 누군가를 만나게 되었다고 가정해 보자. 그때 나는 지난 수첩을 꺼내 '그 사람과 언제, 어디서 처음 만났는지'를 미리 확인한다. 그리고 실제로 만나서는 이렇게 말하는 것이다. "○○씨, 1년 전 12월 4일 ××세미나에서 나란히 앉게 되어 처음 인사했죠?"

그럼 상대는 "그런 것까지 기억하세요?" 하고 감동한다. 약삭빠르다고 생각하는 사람도 있겠지만, 사람과의 만남이 돈을 낳는다는 것을 알기 때문에 나는 '당신과의 만남을 소중히 여긴다'는 메시지를 전하는 것이 중요하다고 생각한다. 또 중요한 인물과 소원해지지 않게 과거의 수첩을 뒤져,

'○○씨와는 슬슬 연락을 취해 놓자' 하고 인맥 관리 도구로 도 활용한다.

그 밖에도 부자들의 수첩 사용법은 더 있다. 예컨대 아날로그 수첩으로 '시간 기록'을 하여 부자가 되는 사람도 있다. 이것은 내가 부자가 되고 싶은 사람에게 권하는 시간 관리법인데, '자신의 하루 스케줄을 보고 낭비, 소비, 투자 가운데 어디에 해당하는지'를 그 옆에 메모하는 것이다.

한때는 매일 매 끼니마다 먹은 것을 기록하는 '기록 다이어트'라는 방법이 유행했는데, 마찬가지로 객관적으로 자신의 행동을 종이에 써서 돌아보면 시간 낭비를 줄이고 효과적으로 활용할 수 있다. 스마트폰 애플리케이션으로는 과거의 자료를 돌아보는 것이 귀찮고, 기기를 변경하면서 데이터가 삭제될 수도 있는 등 사용하기에 불편한 점이 많다. 그렇기 때문에 '회상'에 편리한 아날로그 수첩이 효과적이다.

A.N.S.W.E.R

부자가 되는 사람은
수첩을 회상 도구로
사용한다

CASE #11

지하철 한 정거장 거리를 이동한다면?

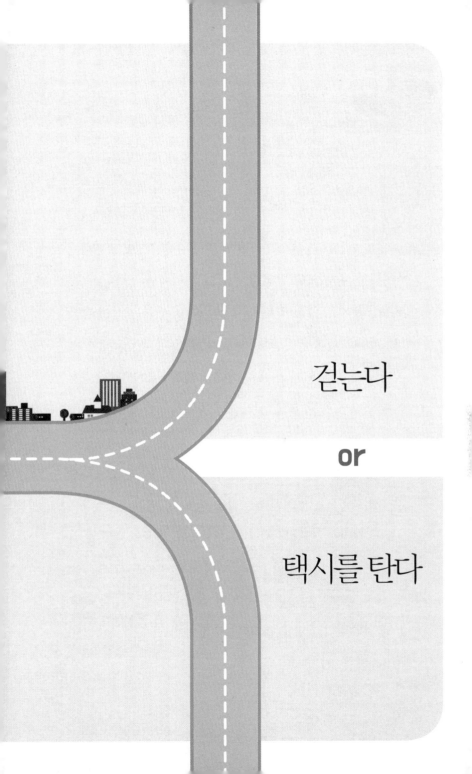

걷는다

or

택시를 탄다

"병만 낫는다면 검소하게 살 만큼의 자산만 있어도 된다."

병약한 부자가 한 말인데, 지금도 기억에 생생하다. 그는 부동산 부자로 평생 일을 하지 않아도 될 만큼 재산이 많았다. 그런데 30대에 건강을 해치는 생활을 하다 당뇨병을 앓게 되었고, 지금도 매일 세 번 인슐린 주사를 맞는다. 즐겁게 여행을 다닐 수도 없고, 좋아하는 음식을 마음껏 먹을 수도 없다.

이 병약한 부자의 예는 힘들게 부자가 되었어도 건강하지 않으면 행복도는 떨어진다는 것을 보여 준다.

모든 부자는 '건강을 제일'로 생각한다. 평소에 건강 관리에 신경 써서 균형 잡힌 저지방 식단으로 식사를 하고, 과음도 하지 않는다. 아무리 일이 바빠도 무리하지 않고 잠도 충분히 잔다. 건강검진도 정기적으로 받는다.

세상의 이미지와는 반대일 수 있는데, 아무리 돈이 많아도 건강을 잃으면 행복할 수 없다는 것을 그들은 잘 알고 있다.

'부자는 택시만 탄다'는 말은 거짓말이다

그렇다면 지하철 한 정거장 거리를 이동할 때 부자가 되는 사람은 어떻게 할까? 우리는 흔히 '부자는 시간과 효율을 최우선으로 생각하기 때문에 짧은 거리도 택시로 이동한다'고 생각한다.

그러나 그들은 시간 여유가 있고 날씨가 좋으면 무조건 걷는다. 최고의 건강 관리는 적당한 운동이기 때문이다.

부자 중에는 매일 걷기 운동을 하고 피트니스클럽에 다니며 생활 속에서 적극적으로 운동 시간을 만드는 사람이 많다. 나도 NHK에서 방송되는 〈모두의 체조〉라는 프로그램을 보며 간단히 몸을 푼 뒤 출근한다. 일하기 전에 몸을 움직이면 뇌가 활성화되어 머리 회전도 좋아진다.

단, 아직 부자가 되려고 노력하는 단계에 있는 사람은 하루하루를 일로 바쁘게 보내기 때문에 운동할 시간을 확보하기 어려울 수 있다. 그런 사람은 간단한 운동을 할 기회를 일상에 만들어 두는 것이 좋다.

예를 들어 에스컬레이터나 엘리베이터를 타는 대신 계단으로 이동한다. 지하철 역 한 정거장 거리라면 두 다리로 걷는다.

나도 부자처럼 행동하면서 느끼는 점인데, 부자는 이동할 때 의외라고 생각될 만큼 계단을 사용한다. '나보다 팔다리가 튼튼하다'고 생각하는 인생의 선배도 많다.

갑자기 매일 아침 달리기 운동을 무리하게 하면 쉽게 좌절한다. 먼저 일상에서 운동 시스템을 만드는 것부터 시작하자.

A.N.S.W.E.R

부자가 되는 사람은
운동을 생활의 일부로 만든다

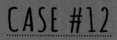

CASE #12

당신이 사용하는 지갑은?

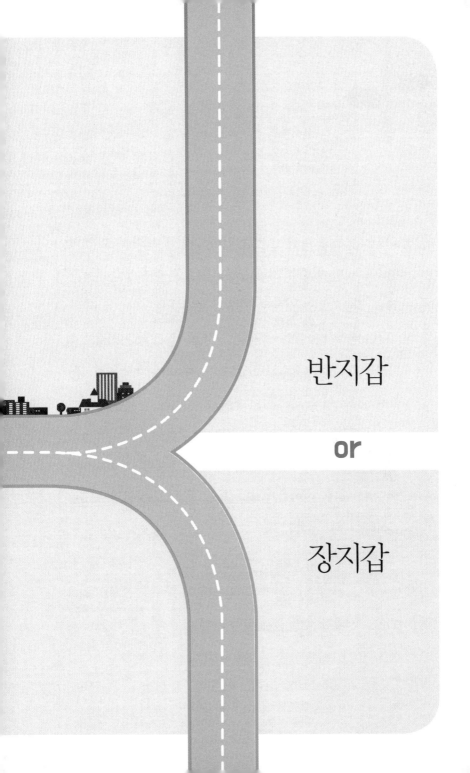

반지갑

or

장지갑

　당신이 들고 다니는 지갑 안을 확인해 보라. 잡다한 영수증과 이미 기한이 지난 쿠폰, 거의 쓸 일이 없는 회원카드……. 필요 없는 것들로 가득 차 있지는 않은가.

　나는 지금까지 많은 부자들을 만났는데, <u>그들의 지갑은 하나같이 깔끔하게 정리되어 있다.</u> 지폐의 방향까지 일정하다. 동전지갑을 따로 갖고 다니는 사람도 있다.

　내가 만났던 어떤 부자는 "지갑을 깔끔하게 정리해 두면 돈도 이곳이 좋은지 다시 돌아온다"고 말했다. 이렇게 말하면 "미신 같은 이야기는 믿지 않는다"고 하는 사람도 있을 것이다.

　나도 제대로 설명하기 어려운데, '돈을 소중히 다루는 사람에게 돈이 모인다'는 것은 분명한 사실이다. 실제로 내가 빚으로 생활할 때는 동전이나 지폐를 주머니에 대충 쑤셔

넣고 다녀서 깜빡하고 세탁기에 옷을 그냥 넣고 돌려 지폐가 쭈글쭈글해진 적이 많았다.

한마디로 돈을 소중히 다루지 않았다. 그러나 돈을 모으기 위해 낭비를 줄이고 돈을 소중히 다루게 된 뒤로는 신기하게도 돈이 모이기 시작했다.

어린아이와 동물이 상냥하게 대해 주는 사람을 따르는 것처럼 돈도 마찬가지로 소중히 다루는 사람에게 모인다.

1년에 한 번 지갑을 새것으로 바꾼다

그렇다면 장지갑과 반지갑 가운데 어느 쪽이 좋을까? 부자는 '장지갑'을 선호한다. 부자일수록 지폐를 많이 가지고 다니니 장지갑이 편리하다는 이유도 있을 것이다.

그러나 그 이상으로 중요한 것은 장지갑이 돈(특히 지폐)을 정중하게 다루기 쉽다는 점이다. 반지갑이라면 지폐가 반으로 접혀 불편할 것이다. 게다가 바지 뒷주머니에 지갑을 넣는 사람이 많은데, 엉덩이에 깔린 지폐는 기분이 나쁘지 않을까. 반면 장지갑이라면 지폐가 접힐 일도 없고, 양복 안주머니나 가방 안에 넣어 두니 지폐도 기분이 좋다.

어떤 부자는 일 년에 한 번 생일날에 맞춰 지갑을 새 것으로 바꾼다고 한다. '아직 쓸 수 있는데 아깝다'는 생각이 들법도 하지만, 지갑을 늘 깨끗이 유지하면 돈이 돌아오고 싶어진다.

'부자는 고급 브랜드의 고가 지갑을 쓴다'는 생각은 잘못되었다. 그들은 브랜드보다는 '돈을 소중히 다룰 수 있느냐'에 가치를 두고 지갑을 선택한다.

A.N.S.W.E.R

부자가 되는 사람은
지갑 안을 늘 깨끗이
정리한다

CASE #13

정보를 수집하는 방법은?

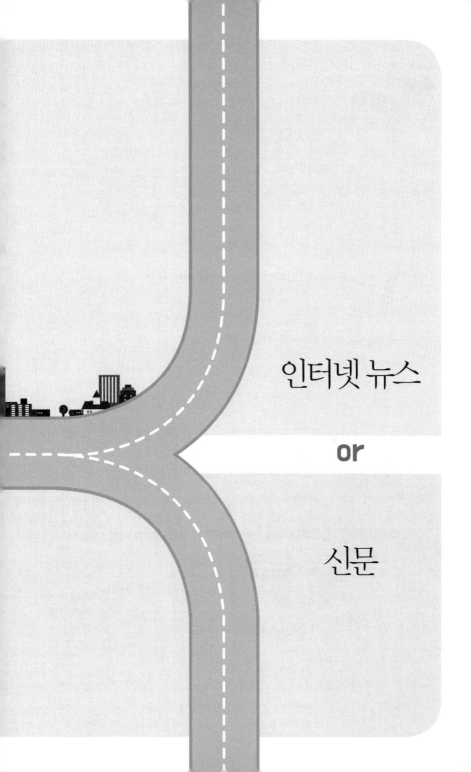

인터넷 뉴스

or

신문

　최근에는 신문을 구독하지 않고 인터넷으로 정보를 수집하는 사람이 늘고 있다. 당신은 신문파인가, 아니면 인터넷파인가?

　'신문이 정확하고 정보량이 많다.'

　'인터넷 뉴스가 더 신속하다.'

　양쪽 모두 맞는 말이다. 그러나 부자가 되는 방법이라는 관점에서는 양쪽 모두 거의 의미가 없다. 일반적으로 '부자는 박식해서 뭐든 알고 있다'는 이미지가 있다. 그러나 현실은 다르다.

　<u>내가 아는 부자들은 대부분 특정 분야에 대해서는 자세히 알지만 '뭐든 알지는' 못한다.</u> 물론 부자도 신문을 읽거나 뉴스 사이트를 방문하긴 하지만 신문을 샅샅이 보거나 인터넷 뉴스를 한 시간마다 확인하지는 않는다. 부자들도 세상

의 보편적인 뉴스에 대해서는 일반인 정도의 정보량을 갖고 있다.

그렇다면 부자가 되는 사람과 그렇지 않은 사람은 정보 수집을 하는 데 어떤 차이가 있을까? 그것은 정보를 받은 뒤의 행동에서 찾을 수 있다.

부자가 될 수 없는 사람은 정보 수집을 하는 데 만족한다. 예를 들어 '편의점의 1000원짜리 커피가 유행'이라는 뉴스를 들었다면, '나도 커피를 마셔 볼까?' 하는 데서 끝나 버린다. 유행을 직접 체험하는 것은 중요하다. 그러나 생각으로 끝내 버리면 그저 정보를 수집한 것에 지나지 않는다.

뉴스를 듣고 어떻게 움직이는가

부자가 되는 사람은 정보 수집으로 끝내지 않고 정보를 활용한다. 예를 들어 편의점의 1000원짜리 커피가 유행이라는 뉴스를 들으면 '나도 마셔 보자'고 생각하고 다음과 같이 사고를 발전시킨다.

'뉴스를 들은 사람은 자신도 마셔 보고 싶다는 생각을 하고 편의점에서 커피를 산다.'

'편의점 커피의 매상은 오르지만 커피 체인점의 매상은 떨어진다.'

'편의점과 커피 메이커를 만드는 회사의 주가가 오르고 커피 체인점의 주가는 떨어진다. 그럼 뉴스와 관련된 기업의 주식을 살까. ……'

<u>'자신은 어떨까'가 아니라 '주위의 반응은 어떨까'에 초점을 맞추는 것은 투자뿐 아니라 비즈니스에서도 중요하다.</u> 이익을 가져다주는 것은 자신이 아니라 고객이기 때문이다.

A.N.S.W.E.R

부자가 되는 사람은
정보를 수집하는 데 그치지 않고
그것을 활용한다

CASE #14

당신의 스마트폰 케이스는?

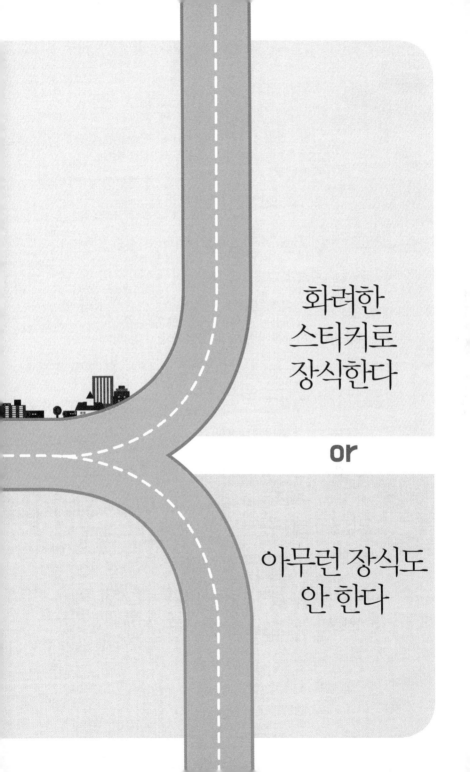

화려한
스티커로
장식한다

or

아무런 장식도
안 한다

한번은 여성 경영인과 비즈니스 미팅을 한 적이 있다. 테이블 위에 올려놓은 그녀의 휴대전화에서 시선을 뗄 수 없었다. 휴대전화 케이스 전체에 반짝거리는 스톤이 붙어 있었기 때문이다. 지금까지 예쁘게 장식한 휴대전화 케이스를 여러 번 봤지만, 그 케이스의 보석처럼 빛나는 스톤 장식은 고급스러움이 남달랐다.

"그 케이스, 정말 화려하네요!"

"20만 원이나 들었는데 볼 때마다 기분이 좋고, 기운도 나요."

그 말을 듣고 그녀가 경영인으로 성공한 이유를 알 수 있었다. 그녀는 '낭비'와 '투자'를 구별할 줄 알았던 것이다.

돈의 사용법에는 소비, 낭비, 투자 세 종류가 있다. '소비'는 주거비, 식비 등 생활에 필요한 돈이다. '낭비'는 두말할 필요도 없이 헤프게 쓰는 돈이다. '투자'는 장래를 위해 쓰는 돈, 즉 저축과 자산 운용 자금, 도서 구입비 등이다.

부자가 되는 지름길은 당연히 '투자' 비율을 늘리는 것이다. 그러나 낭비와 투자의 경계는 모호하다. 같은 식사비라도 클럽에서 먹고 마시면 '낭비'이지만, 인맥을 넓히기 위한 모임에 드는 비용이라면 '투자'가 된다.

낭비와 투자의 차이를 의식하며 돈을 쓰는지 여부는 부자가 되는 사람과 그렇지 않은 사람을 가르는 결정적 차이다.

화려하게 장식한 스마트폰 케이스는 낭비일까?

스마트폰 케이스에 20만 원을 지출하는 사람은 거의 없다. 어지간한 부자이거나 낭비가 심한 사람 정도가 그럴까. 적어도 스마트폰 케이스에 집착하지 않는 내게 케이스 장식에 20만 원이나 들인다는 선택지는 아예 없다.

게다가 화려하게 빛나는 케이스는 보는 사람에 따라서는

'유치하고 저질이다', '취미가 고상하지 않다'는 인상을 줄 수 있다. 많은 사람이 '낭비'로 분류할 것이다.

그러나 전혀 다르게 생각할 수도 있다. 스마트폰을 사용할 때마다 기분이 좋아지고 기운이 난다면 그것이 그녀에게 고가의 지출이라고 할 수는 없다. 도리어 20만 원으로 매일 기분이 좋아질 수 있다면 저렴한 지출이다.

내가 무의식적으로 케이스에 시선이 고정되었듯이, 그녀를 만나 스마트폰 케이스를 본 사람은 대부분 "예쁘다", "반짝이는 게 뭐예요?" 하고 관심을 가질 것이다. 스마트폰 케이스를 계기로 대화에 꽃이 피고, 단번에 마음의 거리가 가까워질 수도 있다.

긴 잣대로 보면 그녀에게 20만 원을 들인 스마트폰 케이스는 '투자'다.

A.N.S.W.E.R

부자가 되는 사람에게는
낭비와 투자의
기준이 있다

chapter 3

돈이 모이는
업무 스타일은
따로 있다

CASE #15

평소의 가방 무게는?

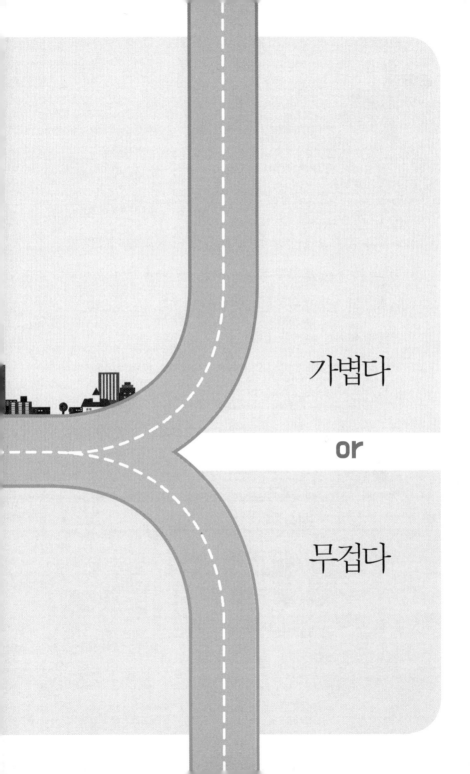

가볍다

or

무겁다

　길을 걷다 보면 금방이라도 터질 듯이 불룩한 가방을 들고 다니는 사람을 자주 본다. 어쩌면 고객에게 보여 줄 상품과 자료가 필요해서 우연히 가방이 꽉 찼을지도 모른다. 그렇다면 이해할 여지가 있다.

　그러나 평소에도 가방이 내용물로 빵빵하다면 문제가 있다. 가방이 항상 무거운 사람은 부자가 될 수 없다. 내 주변의 부자는 전부 짐이 적다. 가방이 불룩하지도 않고, 늘 깔끔한 인상을 준다.

　여행을 할 때도 마찬가지다. 일주일 동안 해외여행을 가도 부자는 주위의 다른 사람들과 비교해 보면 놀랍도록 짐이 적다. 나도 비행기에 탈 때는 기내에 들고 탈 수 있는 크기의 가방에 짐을 넣기 때문에 커다란 트렁크를 맡기는 일은 없다.

왜 부자가 되는 사람은 가방의 내용물이 적고 가벼울까. 그것은 <u>필요한 것과 필요 없는 것을 잘 알기 때문이다. 즉 머릿속이 정리되어 있기 때문이다.</u>

반면에 가방의 내용물이 많아서 무거운 사람은 머릿속이 정리되어 있지 않다. 고객 사무실로 상담을 갈 때도 '이 자료도 필요할 수 있고, 저 자료도 만일을 위해 가져가는 것이 좋겠어'라는 생각에 사용할지도 확실하지 않은 것을 전부 가방에 집어넣는다. 실제로 그 가운데 대부분은 꺼내 볼 일도 없다.

그것은 머릿속이 정리되지 않았다는 증거다.

'오늘은 고객과 이러저러한 절차로 상담한다.'

'고객이 원하는 것은 바로 이것이다.'

이렇게 사전에 정리되어 있지 않으면 무엇을 가져가야 할지 몰라서 불필요한 것까지 가방에 넣게 된다. 이런 식이라면 일이 생각대로 풀리지 않으리라는 것은 쉽게 상상할 수 있다.

방이 지저분한 것은
머릿속이 엉망이기 때문이다

가방의 내용물은 머릿속 상태를 나타낸다. 많은 짐이 엉망으로 채워져 있는 사람은 머릿속도 정리되어 있지 않다. 적절한 정보를 꺼내지 못해 판단이 늦거나 실수로 이어진다. 반면에 가방 안이 잘 정리되어 있는 사람은 머릿속도 정리되어 있어서 일의 판단도 빠르고 정확하다.

그것은 방과 책상 주변도 마찬가지다. 예전에 나도 빚을 졌을 때는 집 안이 발 디딜 틈도 없을 만큼 물건들로 지저분했다. 그러나 결심하고 방을 청소해 내게 필요한 물건만 놓고 생활하게 된 뒤로는 마음에 여유가 생기고 일과 인생에서 진짜 중요한 것을 볼 수 있게 되었다.

방과 책상 주변이 정리정돈되어 있지 않은 사람은 머릿속이 정리되어 있지 않기 때문에 결과적으로 부자가 될 수 없다. 컴퓨터 파일도 주의해야 한다. 데스크탑의 화면이 파일로 채워져 있다는 것은 머릿속이 엉망진창이라는 증거다.

A.N.S.W.E.R

부자가 되는 사람은
머릿속이
정리되어 있다

CASE #16

지하철이 도중에 멈췄다면?

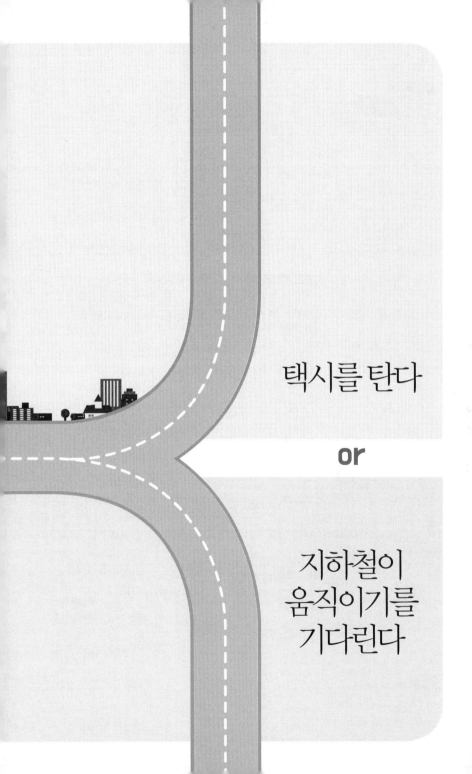

택시를 탄다

or

지하철이
움직이기를
기다린다

강연으로 성공한 K씨의 이야기다. 시즈오카 현 누마즈 시에서 열리는 강연회에 가기 위해 도쿄 역까지 지하철로 이동 중이던 K씨는 고속열차 운행에 문제가 생겼다는 인터넷 뉴스를 듣게 되었다.

"차량 문제로 현재 신칸센의 운행이 보류되었습니다."

도쿄 역에서 고속열차를 탈 예정이었던 K씨는 바로 지하철에서 내려 택시를 탔다.

"누마즈 시까지 부탁합니다."

운전사는 깜짝 놀랐지만 고속도로를 달려 무사히 약속 1시간 전에 도착했다. 당연히 강연회도 잘 마칠 수 있었다.

만일 당신이 K씨였다면 어떻게 했을까? '택시비가 많이 나올 테니 도쿄 역에서 고속열차 운행이 재개되기를 기다리는 것이 낫겠다'고 생각하지 않았을까?

실제로 나중에 알아봤더니 신칸센이 곧 운행을 재개하여 예정대로 도쿄 역에서 출발했어도 강연회에는 늦지 않았을 거라고 한다.

'아깝다. 역시 기다려야 했어!'

이렇게 생각했다면, 안타깝지만 당신은 부자가 될 수 없다. 부자가 되는 사람은 언제 움직일지 알 수 없는 열차를 기다리기보다는 한시라도 빨리 결단해 차선책을 강구한다. 이 결단의 빠르기가 부자가 되는 사람의 중요한 자질이다.

예를 들어 신칸센 운행이 재개될 때까지 기다렸다고 하자. 다행히 금세 운행이 재개된다면 아무런 문제가 없다. 그러나 운행을 재개하기까지 몇 시간이 걸릴 가능성도 있다. 그렇게 되면 상대에게 연락해 "신칸센이 멈춰서 제시간에 도착하지 못할 것 같습니다"라고 양해를 구하는 것 외에는 달리 방법이 없다. 예기치 못한 사고가 원인이지만 상대에게 피해를 주었다는 것은 변하지 않는 사실이다. 경우에 따라서는 신용을 잃을 수도 있다.

부자가 택시를 타는 데는 이유가 있다

비즈니스에는 언제나 '우선순위'가 있다. 비싼 택시비를 내면서도 상대와의 약속을 지키는 것은 돈보다 신용을 우선하기 때문이다.

부자가 되는 사람은 상황에 맞게 생각을 바꿔 임기응변으로 대응한다. 그래서 평소에 늘 타던 이동 수단이 있어도 문제가 생기면 그때 그때 순발력 있게 대처한다.

부자는 '택시만 탄다'는 이미지가 있는데, 실제로는 가성비를 생각해 지하철도 이용하고 가까우면 걸어서 이동하기도 한다.

단, 비가 와서 고객의 사무실에 도착하기 전에 옷이 젖을 수도 있겠다고 판단하면 주저하지 않고 택시를 탄다. 양복이 젖으면 상대도 불쾌할 테고, 자신도 중요한 상담에 집중할 수 없기 때문이다.

부자가 되는 사람은 '상대의 눈높이'에서 우선순위를 판단한다.

A.N.S.W.E.R

부자가 되는 사람은
임기응변으로
문제 상황에 대응할 수 있다

CASE #17

메일 답장은 언제 보내는가?

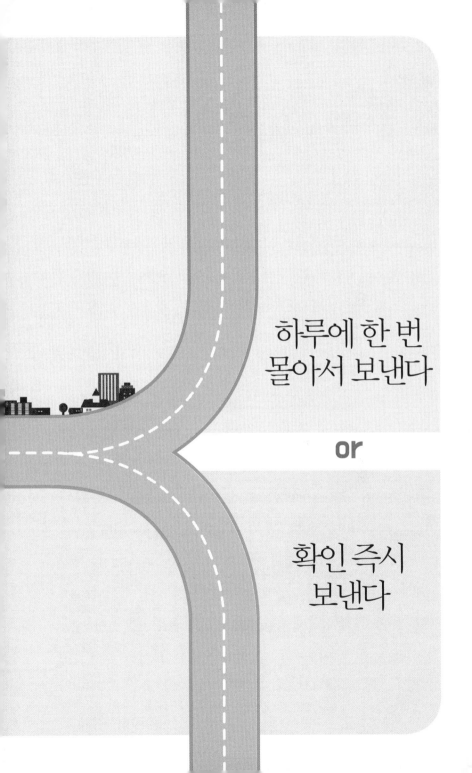

하루에 한 번
몰아서 보낸다

or

확인 즉시
보낸다

　메일을 보내면 즉시 답장을 주는 사람이 있다. 이런 '바로 답장'은 쉽게 연락이 닿기 때문에 용건을 처리하기 편리하다.

　최근에는 스마트폰을 사용하는 사람이 많다. 언제 어디서 건 메일을 확인할 수 있어 무의식중에 확인하고 싶어지는 사람도 많을 것이다.

　그러나 나는 '바로 답장'은 하지 않는다. 이른 아침에 메일을 확인하고 한 번에 몰아서 답장을 보낸다. 기본적으로 메일 박스를 여는 것은 하루에 한 번뿐이다.

　'바로 답장'에 지불하는 대가가 적지 않기 때문이다. 업무 중에 자주 답장을 보내면 일에 대한 집중이 끊어진다. 아마도 경험해 본 적이 있을 것이다. 한창 일할 때 메일이 신경 쓰여 확인하고 답장을 보내다 보면 내친 김에 다른 메일을 확인하거나 인터넷 서핑을 하게 되기 쉽고 그렇게 업무는

뒷전이 되고 만다. 일단 일에 대한 집중력이 끊어지면 다시 집중하기 힘들다. 시간을 낭비하게 된다.

인간이 집중력을 유지하는 시간은 30분에서 60분이라고 한다. 짧은 시간밖에 집중할 수 없기 때문에 메일의 답장을 보내는 데 정신이 팔려 버리면 확실히 일의 효율은 떨어진다.

부자가 되는 사람은 본래 해야 할 일에 집중하는 시간을 중시한다. 메일을 주고받는 것은 돈과 가치를 직접 생산하는 '주작업'이 아니다.

하루 중 많은 시간을 메일의 답장을 보내는 일에 소비하는 사람이 더러 있는데, 부수적인 작업이 주요 작업이 되어 버리면 부자가 될 수 없다. '메일은 하루에 한 번 몰아서 답장을 보내는 것'이 정답이다.

메일 답장은 아침 시간에

메일에 답장하는 시간대는 언제이건 상관없지만, 정해진 시간에 답장을 보내는 것이 관건이다. 하루의 업무 리듬이 만들어지고, 상대에게 '이 사람은 늘 ○○시에 답장을 쓴다'는 안도감을 줄 수 있기 때문이다.

내가 '이른 아침'에 답장을 하는 데는 세 가지 이유가 있다.

첫째, 아침은 시간이 한정되어 있기 때문이다. 출근 시간까지 답장을 하려면 시간을 낭비할 수 없다. 밤에는 졸리기 전까지 질질 끌게 된다.

둘째, 낮 시간의 감정에 영향을 받지 않는다. 밤에 답장을 쓰면 낮에 있었던 기분 나쁜 일이나 피곤함 때문에 부정적인 감정이 들어 답장도 감정적으로 하기 쉽다. 아침이면 잠자는 사이에 기분이 어느 정도 나아져 냉정하게 쓸 수 있다.

셋째, 전날에 약속 시간 변경 메일을 받아도 아침에 확인하면 맞출 수 있기 때문이다. '답장을 하루에 한 번씩 몰아서 보내면 급한 용건에 대응할 수 없다'는 사람도 있는데, 진짜 긴급한 용건이 있으면 전화를 거는 것이 보통이다.

'부자는 받는 메일도 많다'고 생각하는데, 내 주변의 부자들은 의외로 받는 메일 수가 적다. 약속 장소에서 결정하거나, 메일을 효율적으로 주고받는 등 소통 방식을 잘 알기 때문이다. 그들은 긴급한 메일 때문에 허둥대는 일이 없다.

A.N.S.W.E.R

부자가 되는 사람은
집중하는 시간을
소중히 한다

CASE #18

주로 일을 하는 장소는?

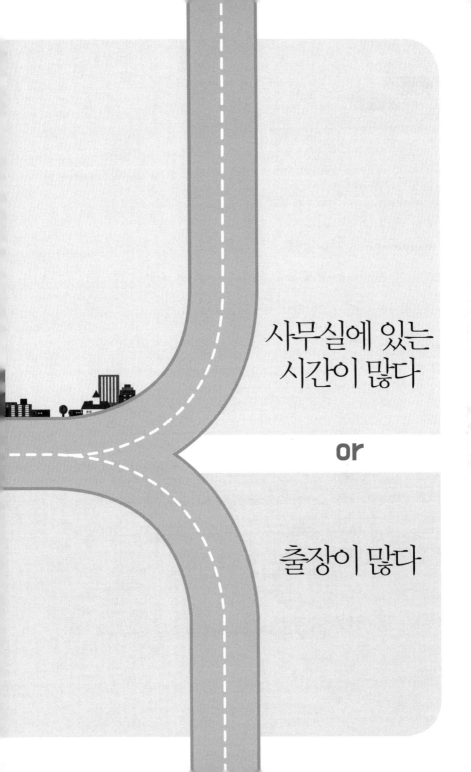

사무실에 있는
시간이 많다

or

출장이 많다

'사장실에서 지시를 하며 부하 직원들을 움직인다.'

'돈이 돈을 벌게 하고, 본인은 컴퓨터를 조작할 뿐이다.'

부자들에 대해 이런 이미지를 품고 있지 않은가? 물론 부자는 사람을 움직이고, 돈이 돈을 벌게 한다. 그래서 효율적으로 돈을 만들어 낼 수 있고, 자유로운 시간을 확보할 수 있다. 즉 부자일수록 사무실에 있는 시간이 길고, 이동거리가 짧다고 생각할 수 있다.

그러나 부자가 될 사람일수록 출장으로 외출이 잦고, 이동거리도 길다. 그것은 부자가 된 뒤에도 마찬가지다.

돈과 이동의 관계를 도식으로 나타내면 '이동 거리=수입의 크기'라고 할 수 있다. 왜 이동 거리가 길수록 부자가 될 수 있을까?

첫째, 발놀림이 가벼울수록 기회를 잡을 가능성이 높기 때문이다. 부자가 되는 사람은 상대가 자신에게 필요한 사람이라고 판단하면 아무리 멀어도 직접 만나러 간다. 비즈니스는 속도가 생명이다.

"언제 도쿄에 오실 때가 있으면 만나지요" 하고 느긋하게 말하면 기회를 놓친다. 상대를 만나고 싶다는 마음으로 직접 움직이면 열의를 가지고 상대를 대하게 되고, 상대도 그 열의와 행동력에 응해 줄 것이다.

둘째, 이동한 만큼 '기대수익'을 버는 힘이 있기 때문이다. 먼 거리를 이동하면 시간과 돈이 든다. 그 이상으로 돌아오는 것이 없으면 수익이 맞지 않는다. 굳이 먼 거리로 출장을 다닌다는 것은 곧 '버는 힘'을 갖고 있다는 증거이기도 하다.

이동 거리와 수입은 비례한다

셋째, 시야와 사고가 넓어지기 때문이다. 세계적으로 유명한 투자가 짐 로저스는 세계 각지를 여행하는 '모험투자가'로 알려져 있다. 오토바이를 타고 전 세계 6대륙에 걸쳐 약 16만

킬로미터를 돌파해 기네스북에 오른 것은 물론 메르세데스 벤츠로 116개국을 주파하는 여행도 감행했다. 이 역시 기네스 기록으로, 총 주행거리는 24만 5000킬로미터에 이른다.

그는 이렇게 여행을 하면서 세계 각국의 경제, 사람들의 생활상, 미래 가능성 등의 '참모습'을 직접 보고 현지에서 얻은 경험과 시점을 투자에 활용해 성공했다.

그의 이야기가 극단적인 예이기는 하지만, 평범한 생활에서 벗어나 국내외의 다른 환경과 사람, 문화를 접하는 것은 큰 자극이 된다. 컴퓨터 화면을 보는 것에서는 생각지 못할 비즈니스 아이디어가 번득이고, 비즈니스에 아주 중요한 사람을 만나게 되기도 한다.

부자가 되고자 한다면 엉덩이가 무거워서는 곤란하다.

A.N.S.W.E.R

부자가 되는 사람은
이동 거리 = 수입의 크기라고
생각한다

CASE #19

당신의 스케줄은?

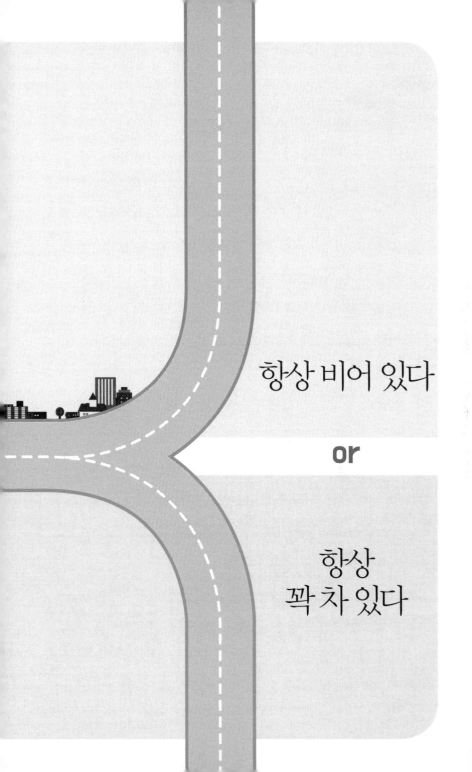

항상 비어 있다

or

항상
꽉 차 있다

　업무상 미팅을 하는 중에 상대방의 스케줄표가 힐끗 보일 때가 있다. 이때 나는 그 사람이 돈을 벌 수 있는 사람인지 어떤지 꽤 높은 확률로 판단할 수 있다. 단도직입적으로 말하면, 수첩의 스케줄표가 항상 꽉 차 있는 사람은 부자가 될 수 없다.

　'돈을 벌 수 있는 사람은 스케줄도 꽉 차서 늘 바쁘지 않을까?'

　이렇게 생각하는 사람이 꽤 많을 것이다. 그러나 스케줄이 꽉 차 있다는 것은 뒤집어 생각해 보면 타인에게 시간을 빼앗긴다는 것을 의미한다. 사람과 시간에 시달릴 뿐, 닥치는 대로 일을 하는 경향이 있다.

　사실은 바쁜 사람일수록 돈을 벌지 못한다. 스케줄에 여유가 없으면 기회를 잡을 수 없다. 예를 들어 비즈니스에 중요한 인물을 소개받는데 "○월 ○일은 약속이 있습니다. 한 달 뒤까지는 시간이 없어서……" 하고 우물쭈물하면 모처럼 찾아온 기회를 망치게 된다.

　반면에 부자가 되는 사람은 의외라고 생각될 만큼 스케줄에 여유가 있다. 절대로 무리해서 일정을 잡지 않는다. 그래서 비즈니스 기회나 만남을 확실하게 자기 것으로 만들 수 있다.

미래를 위한 1인 작전회의를 중시한다

그렇다면 부자가 되는 사람은 비어 있는 시간에 무엇을 할까? 나는 혼자 조용히 생각하는 시간으로 활용한다. 이 시간을 '1인 작전회의'라 부르는데, 자신과 마주하여 일과 미래를 생각한다.

　'일의 방침은 이대로 괜찮을까?'

　'강연회의 내용을 이렇게 바꾸면 좀 더 낫지 않을까?'

　'내년에는 이런 주제로 책을 내볼까?'

과거를 돌아보며 미래를 생각하면 새로운 아이디어와 전략이 떠올라 일을 비약시키는 계기를 만들 수 있다. 또 평소에도 일과 미래를 생각하기 때문에 판단이 필요한 상황에서 주저 없이 자신감을 갖고 나아갈 길을 선택할 수 있다.

부자가 되는 사람은 모두 1인 작전회의 시간을 중시해 스케줄표가 무리하게 채워지지 않게 차단한다. 최선의 환경에서 자신과 마주하기 위해 일부러 고급 호텔에 숙박하는 부자도 있을 정도다.

스케줄표를 빽빽하게 채워야 시간을 효과적으로 쓰는 것은 아니다. 한정된 시간을 자신의 성장을 위해, 미래의 비약을 위해 써야 한다. 부자가 되는 사람은 그 점을 잘 알고 있다.

A.N.S.W.E.R

부자가 되는 사람은
혼자만의 시간을
중시한다

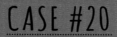

CASE #20

약속 장소에
도착하는 시간은?

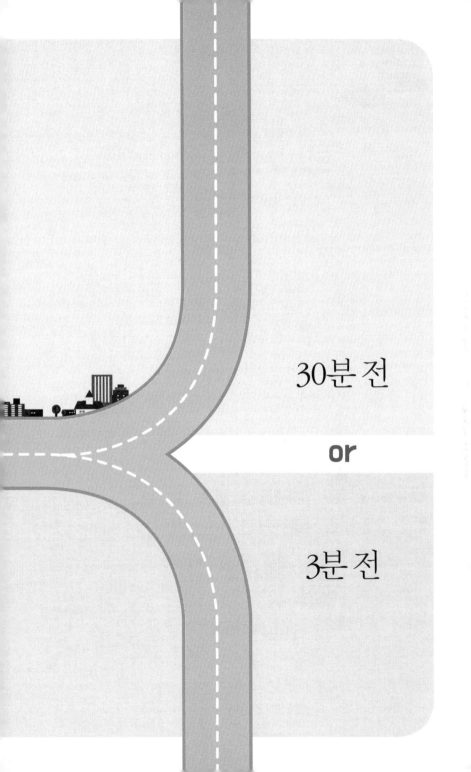

30분 전

or

3분 전

　월요일 오전에 시내에서 누군가를 만날 약속을 하면 기다리기 십상이다. 상대가 약속 시간보다 늦게 도착할 확률이 높기 때문이다. 월요일 아침은 일주일의 시작이기도 해서 출근하는 사람들로 혼잡할뿐더러 지하철 사고나 문제가 발생하기 쉬워 운행이 지연되곤 한다.

　이런 때 부자가 되지 못하는 사람은 '지하철이 늦게 와서 어쩔 수 없다'고 생각한다. 이는 마치 '늦는 것은 지하철 때문이지 나의 잘못이 아니다'라고 말하는 것과 같다. 그러나 상대를 기다리게 한다는 데는 변함이 없다.

　처음 만나는 중요한 미팅이라면 첫인상이 엉망이 된다. 적어도 나는 처음 만나는 자리에 지각하는 사람하고는 다시 일을 하지 않는다.

　"조금 지각했을 뿐인데 너그럽게 봐주어도 되지 않느냐"

고 반문하는 사람도 있다. 그러나 하나를 보면 열을 알 수 있다는 말이 있잖은가. 지각하는 사람은 매사에 그런 식일 거라는 인상을 준다. 이를테면 '분명 납기일도 지키지 않을 거야' 같은 판단을 하게 한다.

부자가 되는 사람은 시간에 엄격하다. 조금은 극단적인 예일 수도 있는데, 내가 잘 아는 어떤 부자는 약속 시간에서 1분만 지나도 그냥 가버린다. 그에게 '시간은 금'이며, 상대의 시간을 낭비하는 것은 신뢰 관계를 깨는 일이라는 것을 잘 알기 때문이다.

약속 장소는 서점 근처로 정한다

약속 시간 3분 전이라도 아무튼 일찍 도착하면 된다고 생각하는 사람이 있는데, 그렇지 않다. 결과적으로 3분 전에 도착할 수 있다면 문제가 없다. 그러나 3분 전에 도착하겠다고 행동한다면 지각할 가능성이 높아진다. 지하철이 조금이라도 지연되거나 길을 헤매면 3분 정도의 여유 시간은 순식간에 날아가 버린다.

부자가 되는 사람은 30분 전에 도착할 수 있도록 시간을 설정한다. 어떤 문제가 생겨도 30분 정도의 여유가 있으면 시간 내에 도착할 수 있기 때문이다.

물론 30분 전에 상대방의 사무실을 방문하면 실례이니 근처 카페에서 대기한다. 30분이면 한 가지 일을 끝내기에는 충분한 시간이므로 시간을 낭비할 일은 결코 없다.

밖에서 만나기로 했을 때는 되도록이면 '서점 근처'로 장소를 잡는다. 서점에서 기다리면 이점이 있는데, 신간 코너를 보면 '최근에는 이런 주제가 주목을 받는구나' 하고 세상의 트렌드를 알 수 있다. 이는 약속 상대와 만나 화젯거리로 활용할 수도 있고, 또 만에 하나 상대가 약속 시간에 늦어도 서점에 있으면 여유를 갖고 기다릴 수 있다.

A.N.S.W.E.R

부자가 되는 사람은
시간은 금이라는 진리를
알고 있다

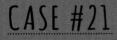

CASE #21

경력의 최종 목표는?

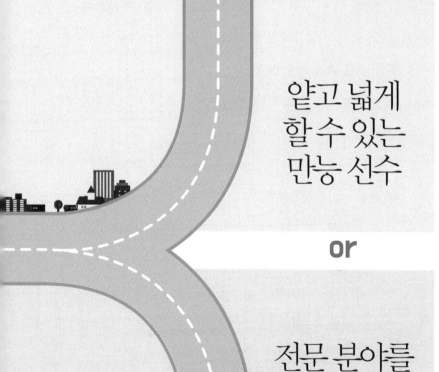

얕고 넓게
할 수 있는
만능 선수

or

전문 분야를
연구하는
스페셜리스트

　강사라는 직업 때문인지 '세미나 강사'가 꿈인 사람의 상담을 받을 때가 자주 있다.

　"어떤 주제를 가르칠 수 있어요?" 하고 물으면 보통은 이런 식으로 대답한다.

　"저는 금융자산관리사Financial Planner: FP 자격증이 있어서 돈에 관한 이야기라면 뭐든 할 수 있어요! 자산 운용, 연금, 라이프 플랜 설계, 상속 문제 등 무엇이든 대응할 수 있습니다."

　안타깝지만 이 사람에게서 무언가를 배우려는 사람은 없을 것이다. 돈을 주제로 하는 세미나 강사는 많기 때문에 차별화를 꾀할 수 없다. '무엇이든 대응할 수 있다'는 생각으로 하는 강의를 들으면 고마움을 느끼지 못한다.

　돈을 버는 강사는 반드시 전문 분야를 갖고 있다. 내 전문 분야는 '돈에 쫓기지 않는 삶을 실현하는 방법'이다. 주식 분야에는 주식 투자 전문가가 있고, 상속 분야에는 상속 대책만을 파고드는 전문가가 따로 있다. 세미나 강사는 숙달된 전문 분야를 더욱 깊이 연구해야 비로소 돈을 받을 수 있다. 모든 일이 그렇다.

지금까지 '부자는 유행에 민감하다'고 말했는데, 부자가 되는 사람은 본업에 대해서는 전문 분야에 초점을 맞춰 일한다.

지금 하고 있는 일을 즐길 수 있다면 잠잘 시간이 줄고 사소한 문제가 생겨도 전혀 힘들지 않다. 그렇게 전문 분야를 갖는 것이 압도적인 차별화로 이어진다.

내 주변의 부자들을 보면, 전문 분야에 대해서는 누구보다 잘 알고 있지만 (믿을 수 없겠지만……) 교통카드 사용법이나 DVD를 대여하는 방법도 모르는 사람이 있을 정도다. 그 정도로 몰두하는 것이 중요하다.

만능꾼은 일을 빼앗긴다

그럼 어떻게 해야 전문 분야를 만들 수 있을까? 좋아하고,

잘하는 일을 더욱 깊이 연구해 완전히 자기 것으로 만들어야 한다. 일의 폭을 넓히고 싶어서 전문 분야와는 거의 관련도 없는 것을 배우려고 하는 사람이 적지 않은데, 전문 분야를 제대로 다지기 전에 다른 것을 시작해 보았자 어중간하게 끝나 버린다.

예를 들어 경리 업무를 담당하는 사람이 있다고 치자. '인사 업무도 할 수 있으면 회사일에 도움이 되겠지'라는 생각으로 노동법 등의 인사 · 노무 관리 지식을 배우기보다는 세무사 자격증을 취득하는 것이 그가 회사에 공헌하는 길이다.

무엇이든 할 수 있는 '만능꾼'은 다른 사람에게 일을 빼앗긴다. 뭐든 할 수 있다고 해도 파견사원이나 아르바이트 직원도 할 수 있는 일이라면 의미가 없다.

"전문 지식을 살려 사람들 앞에서 강의해 보실래요?"

"책을 써보실래요?"

"이런 프로젝트에 참가해 보실래요?"

이렇게 제안을 받아 활약의 장이 넓어지는 경우는 얼마든지 있다. 일의 폭을 넓히는 것은 한 가지 전문 분야를 확실히 다진 뒤에 해도 늦지 않다.

A.N.S.W.E.R

부자가 되는 사람은
누구에게도 지지 않는
전문 분야를 갖고 있다

chapter 4
돈을 불리는
부자들의
투자 비밀

CASE #22

자산 형성 계획을 세운다면?

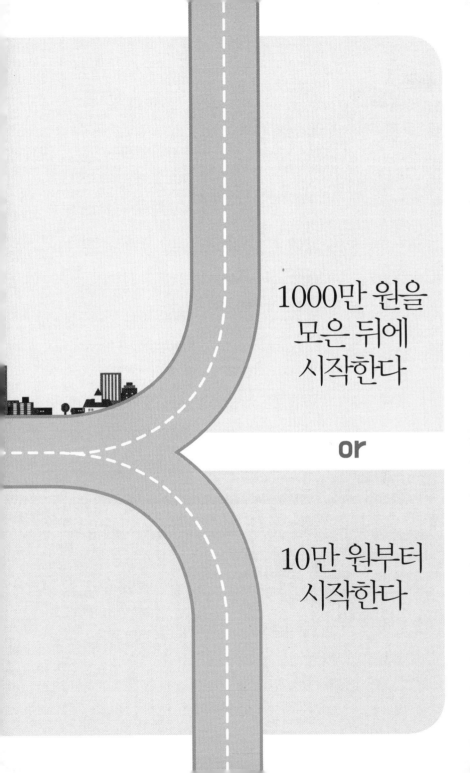

1000만 원을
모은 뒤에
시작한다

or

10만 원부터
시작한다

"투자로 큰 손해를 본 사람을 알고 있다. 투자는 사람을 망친다."

"투자는 도박과 같아서 운이 따라야 한다."

"투자는 왠지 의심스럽다."

투자에 대해 이처럼 부정적인 인상을 갖는 사람이 지금도 많다. 물론 그 기분은 충분히 이해한다. 나도 빚이 있었을 때는 '투자는 도박이다. 미덥지 못하다'고 생각했다. 그러나 서른네 살 때 '돈에 쫓기지 않는 삶'이 가능해진 것은 통장의 300만 원을 종잣돈으로 투자한 덕분인 것도 사실이다.

주식과 부동산처럼 가만히 내버려 두어도 돈을 만들어 내는 자산을 소유하는 것은 부자가 되는 지름길이다. 부자로 가는 지름길인 투자. 누구나 망설이는 때가 시작하는 타이밍이다.

종잣돈은 얼마나 필요할까? 부자가 되는 사람과 그렇지 않은 사람의 가장 큰 차이는 행동력에 있다. 부자가 될 수 없는 사람은 '하지 않는 이유'를 생각한다. 모든 조건이 갖춰져야 행동한다. 그래서 투자에 흥미가 있어도 '1000만 원만 모으면 시작하자'고 제동을 건다.

반면에 부자가 되는 사람은 '지금 할 수 있는 것부터 시작하자'고 생각한다. 이를테면 종잣돈이 10만 원이어도 그것으로 살 수 있는 금융상품에 투자한다.

투자는 밑천이 없으면 운용해도 의미가 없을까?

물론 10만 원이라는 소액으로는 투자 효과가 적기 때문에 그것으로 자산을 늘리는 것은 현실적이지 않다. 그러나 실제로 '투자를 한다'는 행동을 체험하면 많은 것을 깨닫게 된다.

면허증은 장롱 속에 넣어 두고 도로에서 운전 한번 해본 적이 없는 사람은 '운전은 무섭다', '운전은 어렵다'는 부정적인 생각을 갖고 있다. 그러나 막상 운전해 보면 의외로 '무섭지 않다', '더 멀리 가고 싶다'는 기분이 든다.

투자도 마찬가지다. 실제로 해보면 '이런 식으로 돈이 불어나는구나', '이것을 하면 돈이 줄지 않을까' 하는 경험치가 쌓여 투자를 선입견 없이 바라볼 수 있게 된다.

10만 원이라면 대부분 바로 융통할 수 있지 않을까? 지금은 인터넷으로 가볍게 투자할 수 있는 시대다. '투자신탁'이라면 10만 원부터 살 수 있다.

투자신탁은 투자가에게서 모은 자금을 펀드매니저(자산 운용 전문가)가 투자·운용하는 상품이다. 전문가가 당신을 대신해 금융상품을 매매해 준다.

'1000만 원을 모으면 시작한다'는 것은 '하지 않는 이유'에 불과하다. 먼저 할 수 있는 것부터 해보자. 행동력의 차이가 10년 뒤에 다른 결과를 가져온다.

A.N.S.W.E.R

부자가 되는 사람은
지금 할 수 있는 일부터
시작한다

CASE #23

주식을 살 타이밍은?

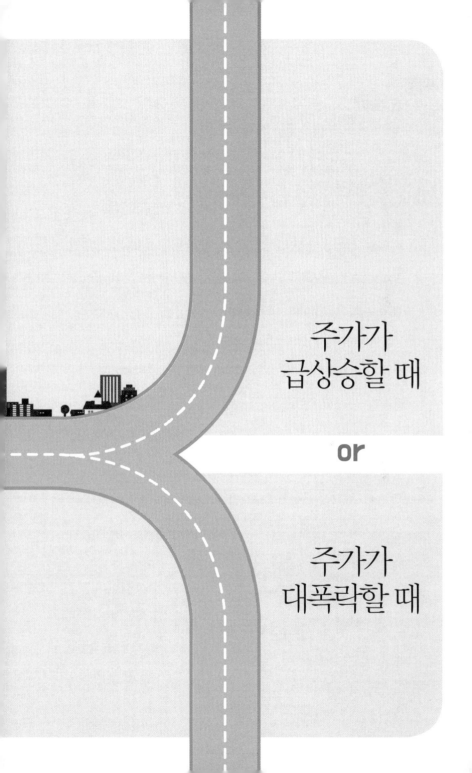

주가가
급상승할 때

or

주가가
대폭락할 때

싸게 사서 비싸게 판다. 이것이 투자에서 돈을 버는 대원칙이란 것은 잘 알고 있다. 그런데 머리로는 알고 있어도 실제로 그렇게 행동하기는 어렵다.

2008년에 발생한 리먼 사태를 떠올려 보자. 미국의 투자은행 리먼브라더스의 파산으로 세계 각국의 주가가 크게 폭락했다. 닛케이지수(일본경제신문사《닛케이신문》이 발표하는 도쿄 증권거래소 주요 주가의 지수)도 6000엔대까지 떨어지는 등 많은 투자자들이 막대한 타격을 입었다.

이때 사람들은 '싸게 사서 비싸게 판다'는 대원칙을 실행에 옮기지 못했다. 투자 이론으로 보면 주가가 대폭락했을 때야말로 주식을 살 절호의 기회였는데도 말이다.

'주가는 끝을 모르는 수렁처럼 더 떨어질지 모른다.'

'지금은 비상 사태! 투자할 상황이 아니다.'

이런 이유로 움직이지 않았지만 지금 돌아보면 리먼 사태로 주가가 대폭락했을 때 주식을 샀으면 지금쯤 큰 이익을 얻었을 것이다.

"아깝다!"는 말밖에 할 말이 없다.

위기는 최대의 기회다. 주가가 폭락해 많은 사람이 앞다투어 '팔자!'로 내달렸을 때가 주식을 살 절호의 타이밍이다.

기업의 불미스러운 일은 투자의 기회다

아무리 그래도 급락할 때 사기는 두렵다고 생각할 수 있다. 그런 사람은 '위기는 최대의 기회'라는 부자의 마음가짐을 배워야 한다.

그들은 주가가 급상승하는 시기에는 투자를 하지 않는다. 급상승한다는 것은 많은 투자가가 그 기업의 매력을 알아 주식에 달려든다는 증거다. 급상승이 시작되려는 시기에 우연히 살 수 있다면 돈을 벌 수도 있지만, 대개 자신이 깨달았을 때는 주가가 이미 크게 뛰어오른 상태다.

물론 주가가 영원히 상승할 수는 없으니 어딘가에서 하락으로 돌아서 결국 비싸게 산 투자자는 손해를 보게 된다. 이것이 부자가 될 수 없는 사람의 전형적인 투자 패턴이다.

부자가 되는 사람은 주가가 폭락할 때를 투자할 시기로 본다. 예를 들어 "○○기업의 실적이 흑자에서 적자로 돌아설 것으로 예상되었다", "○○기업이 불미스러운 일을 일으켰다"라는 뉴스가 보도되면 주가가 크게 떨어진다. 그래서 부자가 되는 사람은 도산할 정도로 실적이 떨어지거나 불미스러운 일이 일어난 것이 아니라면 주가가 반드시 회복된다고 판단해 적극적으로 투자한다.

'지금은 불경기니까' 하고 투자를 하지 않는 것은 변명에 불과하다. 경기가 좋지 않을 때가 바로 투자할 기회다.

부자는 '싸게 사서 비싸게 판다'는 대원칙을 우직하게 실행한다. 이것이 투자로 부자가 되기 위한 황금 규칙이다.

A.N.S.W.E.R

부자가 되는 사람은
위기에서 기회를
포착한다

CASE #24

돈을 불리는 투자 방법은?

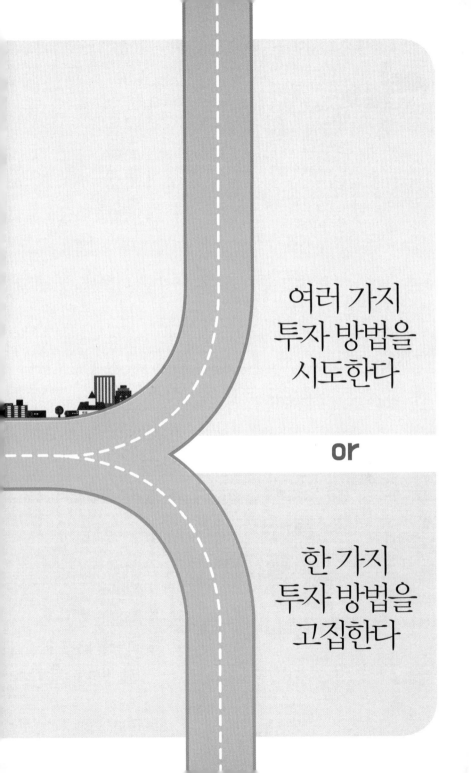

여러 가지
투자 방법을
시도한다

or

한 가지
투자 방법을
고집한다

부동산 투자, 외환 거래Foreign Exchange: FX, 투자신탁, 개발도
상국 투자, 석유 선물거래……. 서점에 가면 투자에 관한 책
이 넘쳐난다.

투자로 성공하기 위해서는 물론 '투자 노하우'를 배워야
한다. 그러나 부자가 되지 못하는 투자자를 보면 그 방법이
잘못되어 투자에 실패하는 경우가 많다.

투자에서 성공하는 사람, 실패하는 사람의 사고방식을 살
펴보자. 투자가 F씨는 처음에는 긴 시간을 두고 주식을 소
유하는 '장기 투자'를 주로 했다. 나름대로 실적은 나왔지만
어느 날 '시세 변동이 적어 따분하다'는 이유로 하루에 여러
번 주식 매매를 반복하는 '데이트레이딩Day Trading'으로 갈아
탔다.

얼마 지나자 "앞으로는 부동산이 뜨겁다!"고 부동산 투자

에 도전해 부동산투자신탁REIT'을 사모았다. 그러나 지금은 REIT를 전부 매각하고 외환차익으로 이익을 얻는 'FX'에 빠져 있다. 결국 F씨는 5년 동안 이런저런 투자를 배우고 시도했지만 자본이 늘기는커녕 약간의 손해를 보았다.

F씨처럼 다양한 금융상품에 흥미를 갖고 뛰어드는 사람이 적지 않다. 세미나나 책으로 배우는 것은 좋지만 한 가지 금융상품과 투자 방법을 완전히 파악하기 전에 '이쪽이 돈이 될 것 같다'고 시선이 쏠려 새로운 것에 손을 대면 시간이 지나도 그 길의 프로가 될 수 없다.

버핏은 단기 투자를 하지 않는다

투자로 자산을 쌓은 사람 중에 주식 투자, 부동산 투자, FX 등 모든 분야에서 성공하는 사람은 없다. 부자가 되는 사람은 '이 투자에서는 지지 않는다'는 자신 있는 분야를 갖고 있다.

투자의 귀재로 세계적인 부자가 된 워런 버핏의 기본 스타일은 장기 투자다. 절대 짧은 시간에 이익을 내는 투자를 하지 않는다.

버핏 같은 투자가가 있는 반면 데이트레이딩을 비롯한 단기 매매만으로 이익을 내는 투자가도 있다. 또 같은 공동주택에 투자하는 부동산 투자라 해도 '구분소유'를 주특기로 하는 투자가가 있는가 하면 주택이나 아파트 한 동에 통째로 투자하는 투자가도 있다. '도시'와 '지방' 등 주특기 지역도 각각 다르다.

적성에 맞는 일이 있고 안 맞는 일도 있듯이, 투자도 자신의 적성에 맞는 분야가 있다. 부자가 되는 투자가는 자신이 잘하는 영역에서 승부한다. 부자가 될 수 없는 투자가는 차례로 나타나는 새로운 금융상품과 투자 수법에 뛰어들어 자신의 영역이 없다.

투자로 성공하고 싶다면 먼저 자신이 잘하는 분야를 찾아 철저히 배워야 한다. 그리고 유행하는 것에 쉽게 뛰어들지 않는 절제력이 필요하다.

A.N.S.W.E.R

부자가 되는 사람은
자신만의 주특기 영역을
갖고 있다

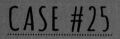

CASE #25

부자가 될 수 있는 투자 스타일은?

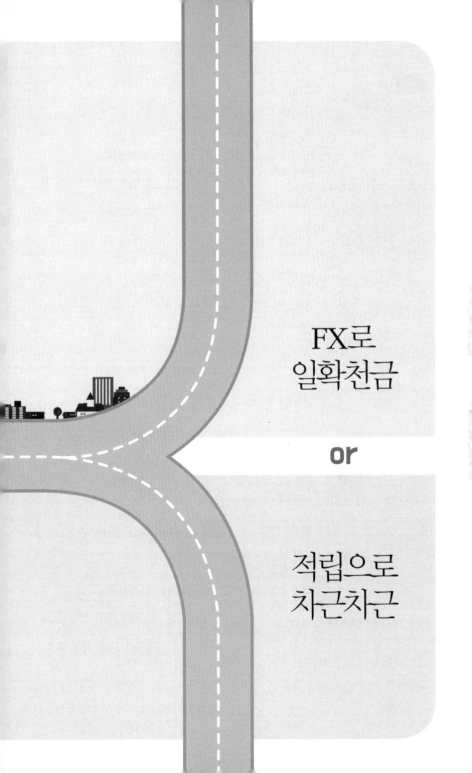

"평범한 주부, FX로 억만장자 되다!"

경제지를 읽다 보면 이처럼 놀라운 제목의 기사가 눈에 띌 때가 있다. 이런 기사를 읽은 사람은 '나도 일확천금!' 하고 생각할지 모른다.

물론 FX로 일확천금을 실현하는 사람은 존재한다. FX는 거래업자에게 증거금을 예치하면 그 몇 배의 금액을 거래할 수 있기 때문이다. 이것을 레버리지(지렛대)라고 하는데, 1000만 원의 자본으로 10배의 레버리지를 설정하면 1억 원의 거래를 할 수 있다.

외환 거래는 잘만 하면 단시간에 많은 이익을 얻을 수 있지만, 한 번에 밑천을 잃을 수도 있다. 고위험 고수익 상품이다. 레버리지 배율을 억제하는 절도를 갖고 거래하면 좋은데, 일확천금을 꿈꾸는 사람은 배율을 높여 승패를 거는 경향이 있다. 자본이 되는 종잣돈을 잃으면 다시 처음부터 돈을 모아야 한다.

예컨대 일확천금으로 돈을 불렸어도 도박 감각으로 단번에 늘어난 돈은 눈먼 돈과 같아서 단기간에 수중에서 사라진다. 복권에 당첨되어 억만장자가 된 사람이 빚을 지게 될만큼 생활이 어려워지기 쉽다는 이야기를 들은 적이 있을텐데, 그것과 같다.

FX는 환율의 오르내림에 투자하는 것으로, 극단적으로 말하면 2분의 1 확률로 돈을 벌 수 있다. 도박이나 마찬가지다. 환율 공부를 하지 않아도 초심자에게 따르는 행운으로 큰돈을 벌 가능성이 있다. 그러나 운만으로는 계속 이길 수 없다.

달걀을 한 바구니에 담지 말라

그렇다면 차근차근 적립해 나가는 방법은 어떨까? 매달 급여에서 일정액을 공제하는 형태로 저축하는 '적립예금'은 확실하게 돈을 모을 수 있는 방법이다. 차근차근 모은 돈은 눈먼 돈과 달리 소중히 여기기 때문에 간단히 줄지 않는다. 그러나 부자가 될 수 있느냐는 관점에서 말하면, 확실하게 부자가 될 수는 있지만 엄청난 시간이 걸린다.

그럼 어떻게 해야 할까? 저축액을 투자로 돌리는 것이다. 예를 들어 투자신탁에는 적립예금처럼 매달 정해진 금액을 설정해 투자신탁을 사서 늘리는 '자동 구입 서비스'가 있다. 이때 몇 종류의 투자신탁에 자금을 분산하는 것이 좋다.

'달걀을 한 바구니에 담지 말라'는 투자의 대원칙이 있다. 만일 바구니를 떨어뜨리면 달걀은 전부 깨져 버린다. 그러나 몇 개의 바구니에 분산해 두면 피해를 최소한으로 줄일 수 있다.

투자를 할 때도 위험 분산이 기본이다. 국내 시장뿐 아니라 해외 시장에 투자하는 투자신탁 상품도 있다. 투자로 돈을 불리기 위해서는 이기는 것보다 지지 않는 것이 중요하다.

A.N.S.W.E.R

부자가 되는 사람은
지지 않는 투자를 한다

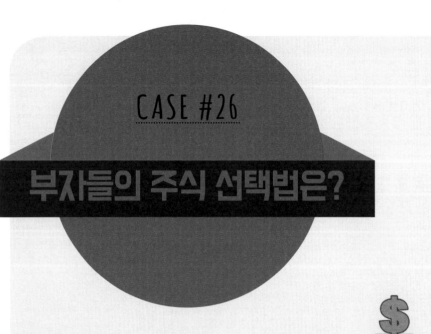

CASE #26

부자들의 주식 선택법은?

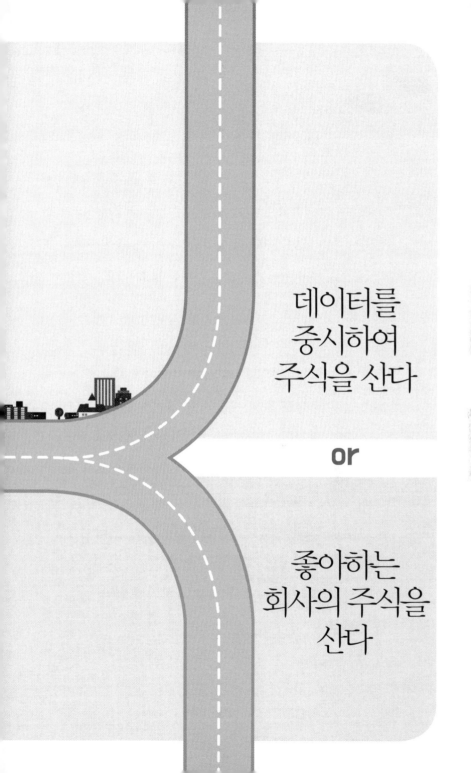

데이터를
중시하여
주식을 산다

or

좋아하는
회사의 주식을
산다

주식을 고를 때도 부자들의 고유한 특징이 있을까? 물론
있다. 그러나 마치 천리안과 같은 특별한 방법이 있는 것은
아니다.

데이터를 중시하여 주식을 사는 방법은 어떤가? 기업의
매출과 이익 등 구체적인 재무 자료로 산출한 지표(주가수
익비율PER, 주가순자산비율PBR, 자기자본이익률ROE)를 보고 주식
을 사야 할지 말지를 고민하는 방법이다. 이처럼 자료와 지
표를 보고 주식 투자를 하는 방법은 이미 널리 쓰이고 있고,
이것으로 이익을 내는 사람도 있다.

단, 부자가 되는 사람에게 '데이터가 전부'는 아니다.
'ROE 수치가 가장 좋기 때문에 이 기업의 주식을 산다'는
투자는 하지 않는다. 그들은 자료와 지표는 참고하는 정도
로만 활용한다.

그렇다면 부자가 되는 사람은 어떤 기업의 주식을 살까? 그들은 '비즈니스 모델을 알기 쉬운 회사'에 주목한다. 비즈니스 모델이라고 하면 어렵게 생각하는데, 한마디로 어떤 장사를 해서 돈을 버는지 한눈에 알려주는 것이 바로 비즈니스 모델이다.

투자의 귀재 워런 버핏은 다음과 같이 말했다.

"내가 주목하는 주식은 경영자가 자신이 이해할 수 있는 사업에서 안정되게 이익을 올리고 있고 주주를 중시하는 기업이다."

버핏은 코카콜라와 면도기로 유명한 질레트 등 누구나 아는 기업의 주식을 대량으로 소유했던 것으로 유명하다.

일본 기업을 예로 든다면 도요타 자동차가 대표적이다. 자동차를 생산해 국내외에 판매하는 비즈니스 모델은 누구나 이해할 수 있다. 유니클로를 운영하는 퍼스트리테일링의 저렴한 가격에 질 좋은 제품을 만들어 판다는 비즈니스 모델 역시 누구나 쉽게 알 수 있다.

팔아야 할 시점을 자신 있게 판단하는 방법

'누구나 알기 쉬운 비즈니스 모델'을 투자 기준으로 했을 때의 이점은 자신 있게 투자 판단을 할 수 있다는 것이다. 주식을 소유한 회사가 불미스러운 일을 일으켰을 때를 예로 들어 보자. 회사의 비즈니스 모델을 이해하고 있으면 그 불미스러운 일이 얼마나 중대한지 나름대로 판단할 수 있다. 반면에 비즈니스 모델을 전혀 이해할 수 없는 회사라면 어떨까? 자신 있게 매매 판단을 하기가 어렵다.

'비즈니스 모델이 알기 쉬운 기업의 주식을 산다'는 것은 곧 '자신에게 친근한 기업의 주식을 산다'는 말로 바꿀 수 있다. 부자가 되는 투자가는 평소 친숙한 회사의 주식을 사는 경우가 많다.

A.N.S.W.E.R

부자가 되는 사람은
쉽게 알 수 있는 회사의
주식을 산다

CASE #27

자산이 불어나는
부동산 투자는?

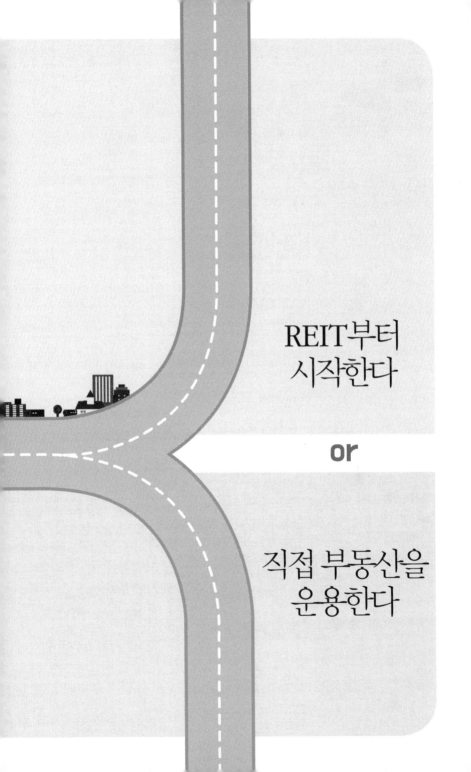

REIT부터
시작한다

or

직접 부동산을
운용한다

"부동산 투자를 시작해 보려는데 어떻게 생각하세요?"

이런 상담을 자주 받곤 한다. 은행에서 대출을 받아 아파트나 공동주택, 임대 건물 등의 부동산을 구입해 세를 놓는 '부동산 투자'는 궤도에 오르면 매달 안정된 수입을 기대할 수 있다는 것이 강점이다. 대출금을 갚으면 월세가 그대로 수입이 되는 것도 매력적이다.

그러나 나는 직접 부동산을 운용하는 것은 권하지 않는다. 부동산 투자로 돈을 벌려면 전문가 수준의 지식이 필요하기 때문이다.

부동산 전문가도 좋은 물건을 가려내는 것이 쉽지만은 않다. 그러니 경험이 전혀 없는 투자자가 그들처럼 승부하는 것은 무모하다. 거액의 자금도 필요하다. 대출을 받아 자금을 마련한다 해도 거액의 자산을 운용하는 위험은 적지 않다.

또 공실이나 월세 하락, 건물의 노후화 같은 위험 요소도 있고, 변동금리로 대출을 받으면 금리가 올라갈 위험도 있다. 지진 등의 재해로 부동산 가치가 떨어지는 것도 염두에 두어야 한다. 물건을 직접 조사하고 부동산 회사와 거래하는 데도 시간과 품이 들어 본업이 있는 사람에게는 부담이 된다.

집주인은 생각 이상으로 할 일이 많다

부동산 투자를 처음 시작한다면, 먼저 REIT 구입을 검토하는 것이 좋다.

REIT는 투자신탁의 부동산 버전으로, 투자가에게서 모은 자금을 펀드매니저가 부동산에 투자·운용하는 상품이다. 투자자에게는 거기서 얻은 임대료와 매각 이익이 분배된다. 일본 증권거래소에 상장되어 있는 것을 'J-REIT'라고 하는데, 증권회사를 통해 부담 없이 매매할 수 있다.

REIT의 최대 매력은 부동산 전문가인 투자가가 선정한 물건에 투자할 수 있다는 점이다. REIT는 공동주택, 아파트는 물론 거대 상업용 건물과 창고, 해외 부동산 등에 주로 투자하는데, 자금이 풍부하지 않으면 투자할 수 없는 부동산에 간접적으로 투자할 수 있다는 것도 장점이다.

물론 직접 부동산에 투자해서 부자가 되는 사람도 있다. 그들은 누구보다 많이 공부하고 바로 실행에 옮기는 행동력이 있기 때문에 성공할 수 있는 것이다.

'부동산 투자를 해보고 싶다'고 준비만 하지 말고 당장 매입할 수 있는 REIT에 투자하라. 행동력 있는 사람이 부자가 될 수 있다. 직접 부동산 투자를 하는 것은 REIT를 체험해본 뒤에도 늦지 않다.

A.N.S.W.E.R

부자가 되는 사람은
당장 할 수 있는 일을 한다

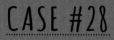

CASE #28

노후 자금 준비 방법은?

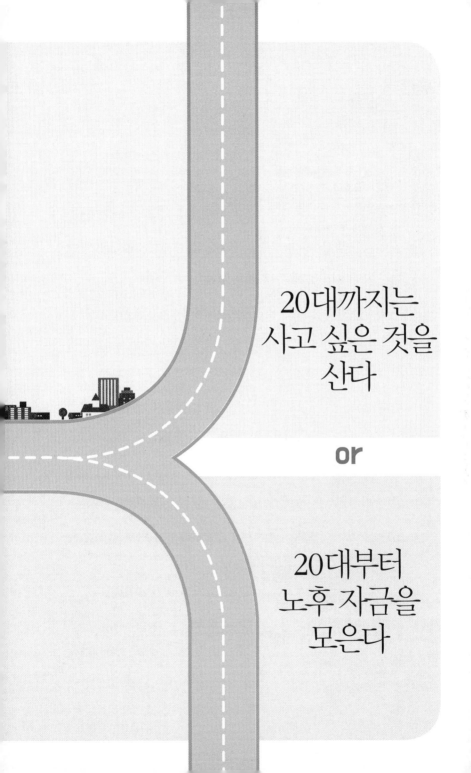

20대까지는
사고 싶은 것을
산다

or

20대부터
노후 자금을
모은다

'연금을 받을 수 있을지 없을지도 알 수 없는데, 노후가 어렵지 않게 지금부터 돈을 모아 두자.'

미래에 대한 막연한 불안감에 돈을 모으려는 사람이 많다.

종신고용도 연공서열도 옛날이야기가 된 지금, 월급이 계속 오르리라는 보장은 어디에도 없다. 그 기분, 충분히 이해한다. 나도 돈의 스트레스에서 자유로워지기 전에는 장래에 제대로 살 수 있을지 불안에 사로잡혀 있었다.

그러나 단언한다. 젊은 시절부터 노후 자금을 모으는 사람은 부자가 될 수 없을뿐더러 노후 자금도 생각만큼 모을 수 없다. 돈을 모으려면 '목표액을 모아 자신의 바람을 실현하는' 성공 체험이 필요하기 때문이다.

무슨 뜻일까? 예를 들어 '차를 갖고 싶으니까 계약금 500만 원을 모으자'는 목표가 생겼다고 치자. 그럼 '절약한다',

'아르바이트나 부업을 한다', '500원 동전 모으기를 시작한다'는 등의 온갖 방법을 짜내 목표액을 모으려고 노력하게 된다. 이처럼 명확한 목표가 있는 사람은 목표를 향해 한 걸음씩 확실하게 돈을 모을 수 있다. 그래서 목표액이 모이면 '해냈다!'는 성취감과 설렘을 체험한다.

사실 돈을 모으기 위해서는 이러한 성공 체험을 뇌와 몸이 기억하게 해야 한다. 그러고 나면 다시 원하는 것이 생겼을 때도 성취감과 감동을 맛보고 싶은 충동이 작용해 돈을 모을 수 있게 된다. 목표를 정하고 돈을 모아 본 경험 덕분에 돈을 모으기 쉬운 체질로 바뀌는 것이다.

'노후 자금'이 목표라면
평생 돈 모으는 체질이 될 수 없다

반면 젊었을 때부터 노후 자금을 모으는 것이 꿈인 사람은 돈을 모으는 성공 체험이 빈약하다. 그래서 돈이 모이는 체질이 되지 못하고 목표를 향한 추진력도 약하다.

애당초 '노후 자금'은 목표가 되기에는 적당하지 않다. 당장 필요한 자금이 아니라서 진지하게 절약하는 행동으로 이어지지 못해 원하는 것을 충동적으로 구매하기 쉽다.

예컨대 결혼해 자녀가 생기면 목돈이 필요하다. 이때 노후 자금으로 모은 돈이 축날 수밖에 없다. 결국 노후 자금을 처음부터 다시 모으기 시작해야 한다.

게다가 노후 자금을 모으는 것이 목표가 되어 버리면 자기투자나 도전에는 무관심해져서 삶의 스케일이 작아진다는 것도 문제다.

부자가 될 수 있는 사람은 20대 때 목표한 저축액을 달성해 원하는 것을 구입한 경험이 있다. 원하는 것을 사면 돈은 없어지지만 긴 잣대로 인생을 보았을 때 돈이 모이는 체질로 변해 노후 자금을 걱정하지 않아도 된다.

A.N.S.W.E.R

부자가 되는 사람은
목표 금액을 모으는
성공 체험을 한다

CASE #29

투자의 우선순위는?

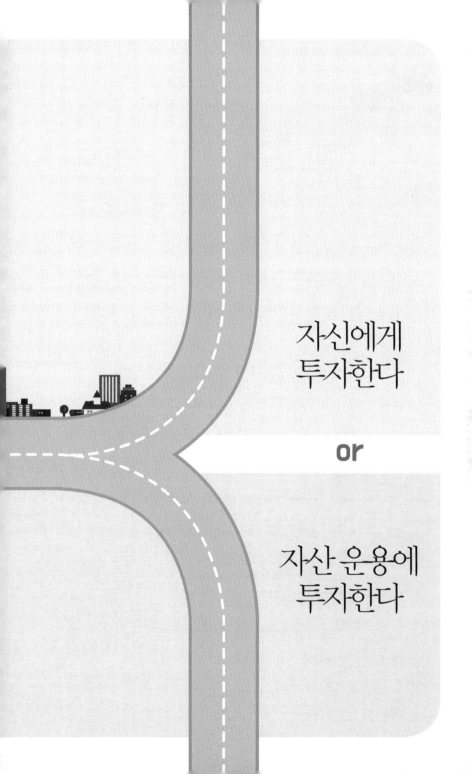

자신에게
투자한다

or

자산 운용에
투자한다

　자산 운용에 투자하는 것과 자기 자신에게 투자하는 것, 어느 쪽이 중요할까? 결론부터 말하면 양쪽 모두 중요하다. 부자가 되려면 둘 다 빼놓을 수 없다. 단, 각각 적절한 '시기' 가 있다.

　<u>20~30대에는 자기투자에 돈과 시간을 써야 한다.</u> 자기투자란 지금의 자신보다 더 '돈을 벌 수 있는 자신'이 되기 위해 돈을 쓰는 것이다. 영어를 비롯한 외국어를 공부하고, 일에 도움이 되는 자격증을 취득하고, 새로운 노하우를 배우고, 사람과의 만남을 만드는 이러한 체험은 자신의 가치를 높이고 미래의 가능성을 키워 준다. 긴 잣대로 보면 젊은 시절 자기투자를 해서 '돈을 벌 수 있는 자신'이 되면 미래에 더 많은 돈을 벌 수 있다.

　자기투자를 한 결과 서른 살 때 연수입 8000만 원을 벌 수

있게 된 사람과 쉰 살이 되어 8000만 원을 벌 수 있게 된 사람은 전체 인생에서 벌 수 있는 총수입에 큰 차이가 난다. 당연히 빨리 돈을 벌 수 있는 사람이 되어야 부자가 되기 쉽다. 특히 20대에는 자산 운용에 투자하기보다 자신에게 우선적으로 투자해야 한다.

20대에는 자기투자에 쓰는 돈을 아끼지 말아야 한다. 그 투자는 미래에 반드시 큰 수익이 되어 돌아온다. 젊을 때는 자유롭게 쓸 수 있는 자금도 한정되어 있기 때문에 망설여질 때는 자신에게 투자하는 쪽을 선택하는 것이 현명하다.

복리의 힘이 30년 뒤에 큰 차이를 낳는다

그럼 자산 운용 투자는 언제 해야 할까? 30대에 시작하는 것이 이상적이다. 투자는 운용 기간이 길수록 '복리' 효과로 이익도 커지기 때문이다.

이자에는 단리와 복리 두 가지가 있다. '단리'는 원금에 대해서만 이자율과 기간을 곱해 이자를 계산한다. '복리'는 원금에 대한 이자를 가산하여 합계액을 새로운 원금으로 계산한다.

복리는 원금뿐 아니라 이자에 대해서도 이자가 붙기 때문에 높은 이율로 자산을 운용할수록, 또 운용 기간이 길수록 자산이 눈덩이처럼 불어난다. 따라서 가능한 한 이른 시기에 자산을 운용하는 사람일수록 부자가 되기 쉽다. 젊을 때부터 차근차근 자산 운용을 시작하자.

물론 40대, 50대가 넘었어도 늦은 것은 아니다. 나이가 많을수록 투자의 밑천이 되는 '종잣돈'을 많이 갖고 있게 마련이다. 제대로 운용할 수 있으면 노후에 넉넉하게 생활할 수 있을 만큼 자산을 만들 수 있다.

아무튼 자산 운용 투자는 자기투자와 함께 조금이라도 빨리 시작하는 것이 부자가 되기 위한 조건이다. 당장 행동할 수 있을까? 그것이 부자로 가는 여정의 갈림길이 된다.

A.N.S.W.E.R

부자가 되는 사람은
20대 때부터 자기투자와
자산 운용을 시작한다

chapter 5

부자에게는 넓고 멀리 보는 자신만의 잣대가 있다

CASE #30

돈을 인출해야 한다면
어디에서?

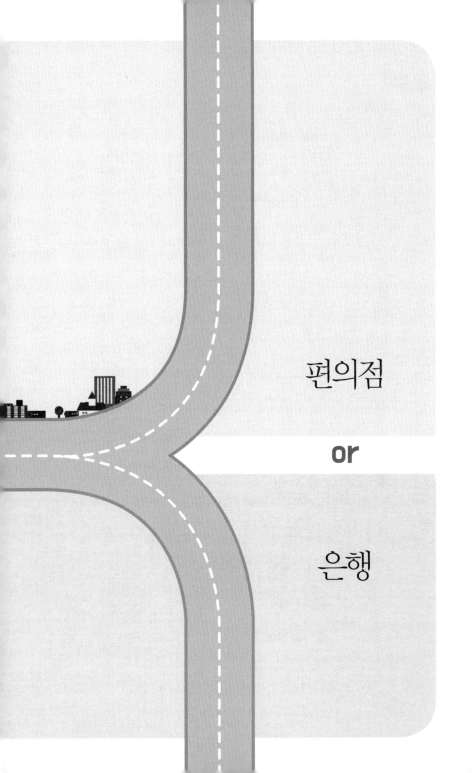

편의점

or

은행

은행의 현금자동입출금기 앞, 사람들이 길게 줄을 서 있다. 특히 오전, 점심시간, 퇴근 시간 즈음에는 돈을 인출하고 이체하는 사람들로 복잡하다.

나는 그런 사람들을 볼 때마다 "시간이 아깝다"고 말한다. 아무런 가치도 만들지 못하는, 멍하니 줄을 서 있는 시간은 부자들이 보기에 '시간 낭비'다.

반면 편의점에 설치되어 있는 현금자동입출금기는 줄 설 일이 거의 없다. '시간은 돈'이라는 말이 있다. 부자는 자신의 시간을 최대한 효과적으로 사용해 하고 싶은 일을 하거나 자기투자, 자산 운용을 위한 종잣돈을 모으는 데 주력한다.

그래서 부자가 되는 사람은 단연 편의점을 선호한다. 따라서 편의점의 현금자동입출금기와 제휴한 은행 계좌를 갖고 있다.

부자가 은행 계좌를 만들 때 중시하는 것이 또 하나 있다. 바로 예금을 인출하고 송금할 때의 '수수료'다. 수수료는 은행에 따라 다른데, 1000원 안쪽인 곳도 있지만 대개 그 이상이다. 초저금리 시대인 요즘 참새 눈물만큼도 안 되는 이자가 한 번의 수수료로 날아가 버린다. '티끌 모아 태산'이라는데, 지금은 비록 적은 액수로 보일지라도 평생 내는 수수료를 합하면 큰돈이 된다.

'과연 부자가 몇 천 원을 신경이나 쓸까?' 이렇게 생각할 수도 있다. 그러나 1000원의 인출 수수료를 한 달에 세 번 낸다고 가정해 보자. 10년이면 약 40만 원, 30년이면 약 120만 원이다.

부자의 긴 잣대로 보면 확실한 낭비다.

수수료 무료 서비스를 이용하라

집과 회사에서 가까우니 편해서, 회사에서 월급통장으로 정한 은행이라서 등 '합리적이지 않은' 이유로 은행 계좌를 이용하는 사람이 많은데, 그래서는 부자가 될 수 없다.

거래 수수료 무료 서비스를 제공하는 은행이 많아졌다. 다른 은행의 현금자동입출금기는 물론 편의점과 지하철의 현금인출기 수수료까지 무료라는 혜택을 주며, 인터넷과 스마트폰 뱅킹 수수료도 조건 없이 무료로 한다. 심지어 주식 수수료까지 무료로 해주는 계좌도 있다.

우체국 은행 계좌의 좋은 점은 전국 어디를 가도 지점과 현금자동입출금기가 있다는 것이다. 제휴 편의점이 눈에 띄지 않아도 걱정할 필요 없다.

부자가 되고 싶다면 은행도 전략적으로 선택해야 한다.

A.N.S.W.E.R

부자가 되는 사람은
시간과 수수료로
은행을 선택한다

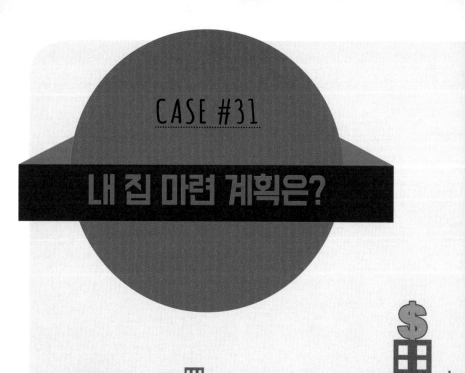

CASE #31

내 집 마련 계획은?

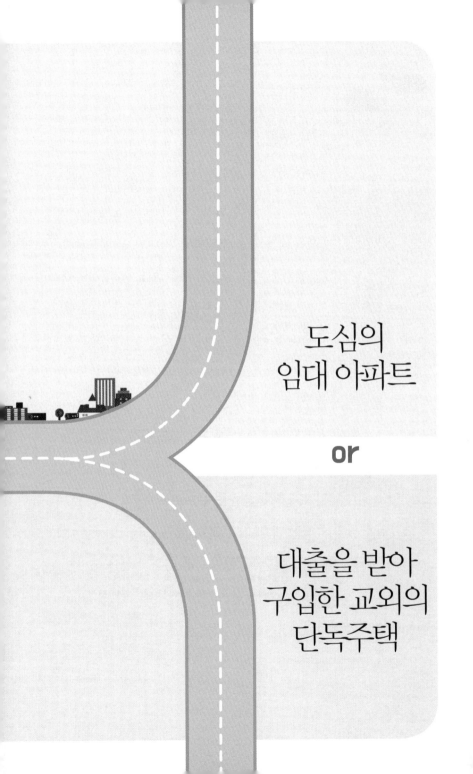

도심의
임대 아파트

or

대출을 받아
구입한 교외의
단독주택

　은행에서 대출을 받아 집을 구입할까, 아니면 임대를 선택할까? 영원히 논쟁이 끊이지 않는 주제다. 어느 쪽이 이익이라고 단정할 수는 없다. 몇 살까지 살지, 어떤 집에 살지, 몇 년 상환으로 대출을 받을지에 따라서 손실과 이득이 달라지고, 당신이 무엇에서 행복을 느끼는지, 즉 가치관에 따라서도 달라지기 때문이다.

　그러나 당신이 부자가 되고 싶다면 답은 이미 나와 있다. 바로 '임대'다. 이유를 살펴보자. 돈이 있어서 대출을 받지 않고 집을 구입할 수 있는 경우는 예외로 한다.

　집을 구입할 때는 대개 20년, 30년 상환 조건으로 은행에서 주택 구입 자금을 대출받는다. '내 집은 자산이 되지만 월세는 아깝다'고 생각하는 사람들이 있는데, 그것은 굉장히 위험한 생각이다.

수입이 계속 늘어서 계획대로 대출을 갚게 되면 좋겠지만, 앞으로 문제없이 반환할 거라고 장담할 수 있을까? 한 치 앞도 모르는 세상에서 20~30년 앞을 예상하기는 어렵다. 회사가 도산할 수도 있고, 정리해고 대상이 될지도 모른다. 질병으로 인생 설계가 엉망이 될 가능성도 있다.

그래도 대출금을 다달이 갚아 나가야 한다는 사실은 변하지 않는다. 즉 예측하지 못한 사태에 임기응변으로 대응할 수 없다. 더욱 치명적인 것은 부자가 되기 위한 종잣돈이 없어진다는 점이다. 주택 구입 자금을 대출받으면 대출금 반환이 우선이라 투자에 사용할 돈을 변통하기 어렵다. 회사에서 열심히 일하는 것만으로 생활에 큰 어려움이 없을지는 모르지만 부자가 될 기회도 잡을 수 없다.

결국 대출금만 갚아 나가다 인생이 끝나기 십상이다.

부자가 되고 싶으면 도시에서 살아라

부자는 긴 '잣대'로 판단하기 때문에 은행 대출을 피한다.

그들은 긴 잣대로 여러 가지 위험과 환경 변화를 고려해 인생을 설계하기 때문이다.

수입이 줄었을 때는 집세가 저렴한 임대 아파트로 이사한다. 그렇게 어려움을 벗어나 재기의 기회를 노린다. 그런데 대출이 있으면 경제적으로나 정신적으로나 여유가 없어진다.

'교외에 살까, 도시에 살까' 하는 선택을 두고 말한다면, '직장과 가까운' 도시에 사는 것이 단연 부자가 되는 길이다.

노후에 자연을 접할 수 있는 교외에서 여유롭게 살고 싶은 마음은 충분히 이해할 수 있다. 그러나 열심히 일해야 할 젊은 세대는 직장과 되도록 가까운 곳에서 사는 것이 좋다.

부자가 되는 과정에서 비즈니스에 쏟아야 할 시간이 많아지기 때문에 집에서는 잠만 자고 나오는 경우가 대부분이다. 그래서 만원버스나 지하철로 출퇴근하는 시간도 아깝다. 교외에 집을 사는 꿈은 부자가 된 뒤에 이루어도 늦지 않다.

A.N.S.W.E.R

부자가 되는 사람은
수입에 맞게
도시의 임대 아파트를 선택한다

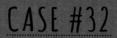

CASE #32

고속열차에 탄다면
어떤 자리에?

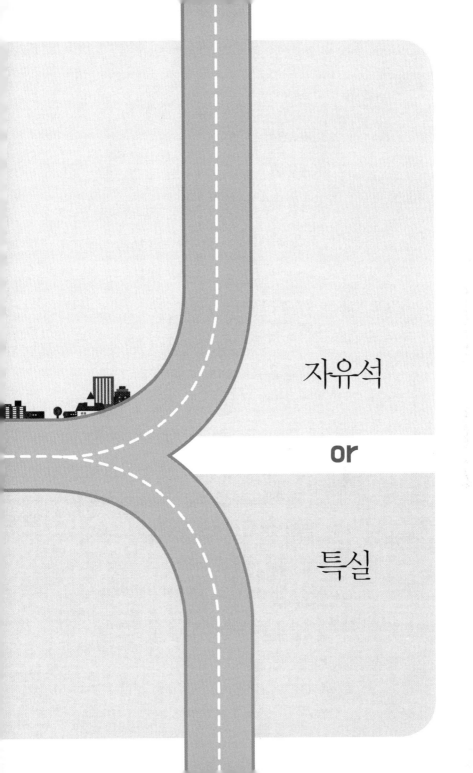

자유석

or

특실

고속열차는 특실, 비행기는 프리미엄 일등석First Class 아니면 일등석Business Class, 숙소는 고급 호텔. 사람들이 부자를 생각할 때 흔히 떠올리는 이미지다. 물론 '이미 부자인 사람'은 쾌적함을 우선해 특실과 고급 호텔을 이용하지만 '부자가 될 사람'은 기본적으로 '가성비'를 생각한다.

지인 가운데 투자가가 있는데, 그는 평생 일하지 않고도 살 수 있을 만큼 자산이 있는데도 철저히 가성비를 따진다. 출장 때문에 고속열차를 탈 때는 기본적으로 자유석을 탄다. 사람이 많은 휴일에는 지정석을 사용하지만, 틀림없이 앉을 수 있는 평일 시간대에는 주저 없이 자유석을 탄다. 비행기로 이동할 경우에도 일반석Economy Class이 기본이다. 개인적인 일이 아니라면 프리미엄 일등석이나 일등석에 타지 않는다. 출장지에서도 5만 원대부터 묵을 수 있는 비즈니스

호텔을 이용한다.

반면에 돈을 써야 할 때는 아끼지 않는다. 예를 들어 고객을 호텔에서 만나야 할 때는 고급스러운 라운지를 갖춘 일급 호텔에 묵어 그곳에서 고객을 맞는다. 상대를 안심시키기 위해서다. 비즈니스호텔의 카페에서 만나면 '이 사람, 신뢰할 수 있을까' 하는 불안감을 줄 수 있다.

가족들과 개인적으로 여행을 즐길 때도 교통비와 숙박비는 아끼지 않는다. 효율적으로 돈을 버는 것이 목적이 아니라 가족과 즐거운 추억을 만드는 것이 목적이기 때문이다.

'회사 경비로 처리할 수 있으니까' 하는 마음으로는 부자가 될 수 없다

부자가 되는 사람은 가성비를 생각해 좌석을 선택한다. 반면에 부자가 될 수 없는 사람은 '어차피 출장비는 회사 경비로 처리하니까'라는 마음으로 고속열차의 특실을 이용하거나 고급 호텔에서 묵는다. 개중에는 일반석을 타고 다니며 출장비를 아껴서 술값으로 쓰는 사람도 있다.

그러나 경비를 아껴 쓰는 의식이 없는 사람은 부자가 될 수 없다. 거시적인 시점이 결여되었기 때문이다. 경비를 낭비하면 그만큼 회사의 이익이 줄어든다. 이익이 줄면 그 여파가 경영에 악영향을 미치고, 직원들의 월급에도 영향이 간다. 눈앞의 쾌적함과 유혹에 져서 한 행동이 긴 잣대로 보면 자신에게 손해가 된다는 것을 이해하지 못하는 것이다.

앞으로 본인이 회사를 차리거나 전문가로 독립해 지금보다 많은 돈을 벌고 싶다면 이러한 큰 시점이 필요하다.

A.N.S.W.E.R

부자가 되는 사람은
가성비를 중시한다

CASE #33

편의점에서 물건 값을
계산할 때는?

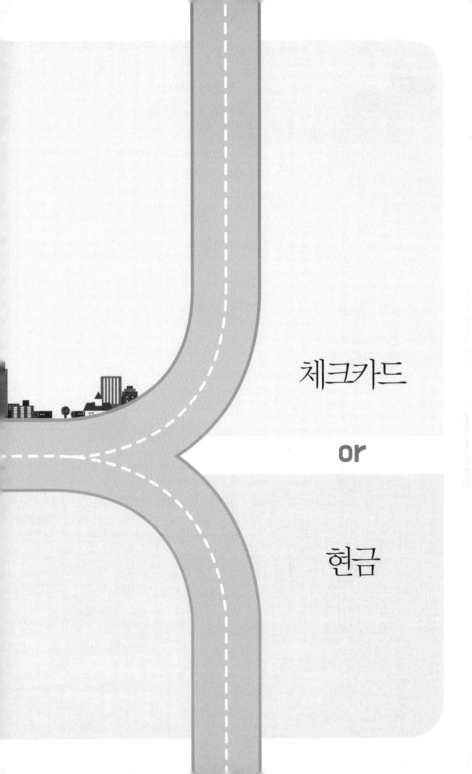

언젠가 편의점에서 이런 일이 있었다.

"전부 계산해 3690원입니다."

편의점 직원이 내 앞의 여자에게 말했다.

그녀는 지갑을 뒤지기 시작했다.

"잔돈이 있었는데……."

그런데 잔돈을 쉽게 찾을 수 없었던 모양이다. 마침 점심 시간이었다. 내 뒤로도 적지 않은 손님이 줄을 서 있었다. '빨리 해라!' 하는 살기 돋친 마음의 소리가 내 등에도 날아와 꽂혔다. 그러나 그 여자는 개의치 않았다.

"어머? 10원이 모자라네."

그러더니 다시 지갑을 뒤졌다. 포기하고 지폐를 내겠거니 했는데, 다음 순간 여자의 말에 깜짝 놀랐다.

"가방 안에 10원짜리 동전이 있을 거예요, 잠깐만요."

그러고는 이번에는 가방 안을 뒤지기 시작했다. 내 뒤에서 혀 차는 소리가 들렸다. 아마 이와 비슷한 경험을 한 사람이 적지 않을 것이다. 이런 때마다 드는 생각이 있다.

'제발 주위를 배려하면서 행동해!'

부자가 보여 주는 또 하나의 얼굴

부자가 되는 사람은 자신에게 이익이 되는, 낭비 없는 행동을 하는 동시에 상대의 이익도 생각한다. 비즈니스를 할 때도 자신에게만이 아니라 상대에게도 이익이 되는 선택을 한다. 한마디로 윈윈 관계를 맺는다. 혼자만 이기려 하면 다음에 같은 방법으로 보복당한다는 것을 알기 때문이다. 그래서 부자가 되는 사람은 주위에 손해가 가지 않도록 주의한다.

부자가 되는 사람은 체크카드로 결제한다. 지갑에서 잔돈을 찾는 시간을 절약할 수 있고, 점원도 터치 한 번으로 계산을 끝낼 수 있어 거스름돈을 주고받지 않아도 되기 때문이다. 뒤에 서 있는 손님이 짜증 낼 일도 없다.

'현금을 내지 않으니 돈을 쓴다는 감각이 없어 낭비하기 쉽다'고 생각하는 사람도 있을 수 있다. 그러나 체크카드는 신용카드와 또 다르다. 신용카드는 수중에 현금이 없어도 물건을 살 수 있다. 그래서 도깨비방망이를 손에 넣은 기분이 들어 변제 능력 이상으로 낭비하게 된다.

반면 체크카드는 계좌에 잔액이 남아 있어야 한다. 잔액이 없으면 현금을 넣어 예금을 해야 하기 때문에 '낭비'로 이어지기 어렵다.

체크카드는 일례에 불과하다. 사소해 보일 수도 있지만, 부자는 주변 사람이 행복해지는 행동을 한다.

A.N.S.W.E.R

부자가 되는 사람은
주위도 행복하게 한다

CASE #34

보험을 들 때는 어느 쪽?

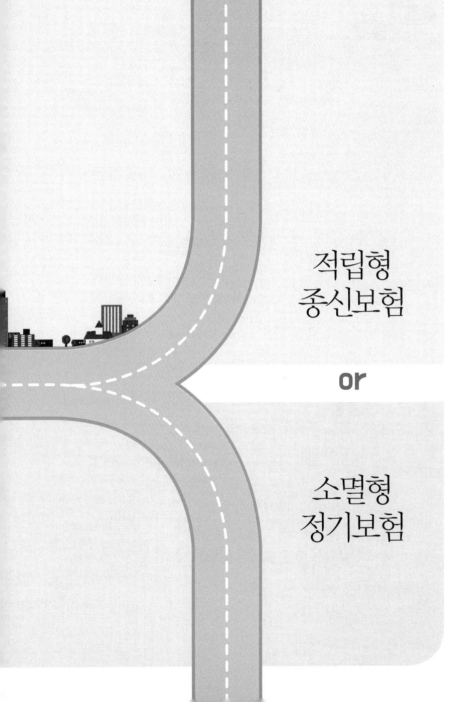

적립형
종신보험

or

소멸형
정기보험

생명보험이 어떤 구조로 되어 있는지 아는 사람이 얼마나 될까? 생명보험은 크게 소멸형과 적립형으로 나뉜다.

소멸형은 흔히 '정기보험'이라 불리는 상품으로, 매달 내는 보험료가 적은 것이 이점이다. 대신 보장 기간이 정해져 있어서 그 기간 내에 사망하지 않으면 지불한 보험료는 돌려받지 못한다. 예를 들어 30세부터 60세까지 30년 동안 매달 3만 원의 보험료를 낸다면 1080만 원(3만 원×12개월×30년)은 환불받지 못한다. 그렇다 보니 '소멸형은 아깝다. 돈을 돌려받는 상품이 좋다'고 생각하는 사람이 많다.

그런 경우 적립형 보험을 선택한다. 적립형인 '종신보험'은 매달 내는 보험료가 비싸다. 대신 사망하지 않고 만기를 채우면 납입한 보험료를 돌려받는다. 여기서 주목해야 할 것은 종신보험은 유사시 보장해 주는 '보험' 부분과 적립하는 '저축' 부분을 모두 포함한다는 점이다.

결론부터 말하면, 부자가 되는 사람은 적립형이 아닌 소멸형 보험을 선택한다. 적립형 보험의 저축 부분은 매달 적립예금을 하는 것과 같다. 돈을 쉽게 모으지 못하는 사람에게는 반강제적으로 돈이 쌓이는 것이므로 종신보험을 이용하는 것이 좋다는 의견도 있다.

그러나 부자가 되는 사람은 '보험'과 '저축'을 나눠 생각한다. 본래 보험은 유사시의 위험을 대비하기 위한 방안이다. 보험 부분 이외의 돈을 보험회사에 저축할 정도면 직접 투자할 대상을 찾아 더 큰 이익을 얻는 것이 좋다.

부자는 위험을 늘 점검한다

보험을 선택할 때는 보험이 필요한 기간과 그렇지 않은 기간이 있다는 점을 주의해야 한다. 예를 들어 당신이 한 집안의 가장으로서 아내와 자식 등 부양해야 할 가족이 있다면 사망보험금이 필요하다. 그러나 독신이라면 사망보험금을 받지 않아도 큰 문제가 없다. 질병에 걸렸을 때 의료비를 보장해 주는 '의료보험'도 1000만 원 정도 저축이 있으면 가입하지 않아도 된다.

신입사원 시절, 예쁜 보험설계사와 가까워지고 싶은 불순한 동기로 사망 보장이 되는 고액의 보험에 가입한 적이 있다. 그러나 20대 독신인 내게는 필요 없는 보험이었다.

특히 20~30대에는 고액의 종신보험에 들어 보험료를 내기보다는 자기투자와 자산 운용에 활용해야 미래의 이익을 키울 수 있다. 고액의 보험료를 내기 위해 투자에 쓰는 돈을 줄이는 것은 한마디로 주객전도다.

'불안하니까 대비한다'는 것은 부자가 될 수 없는 사람의 생각이다.

A.N.S.W.E.R

부자가 되는 사람은
보험과 저축을
구분한다

CASE #35

자녀의 대학 진학 계획은?

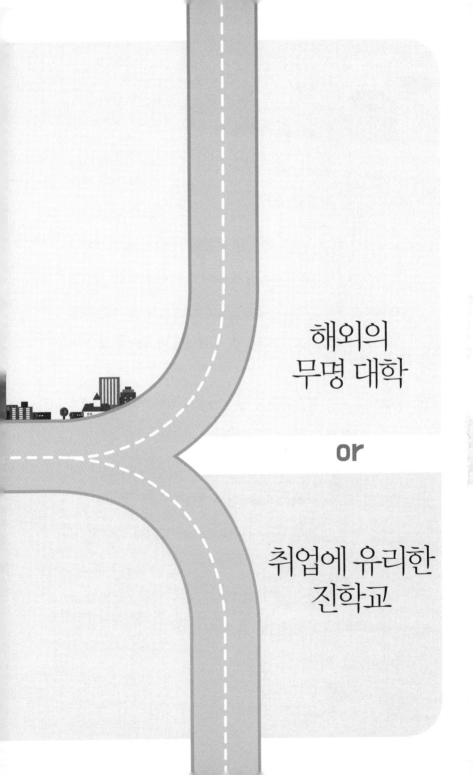

해외의
무명 대학

or

취업에 유리한
진학교

'학력이 뛰어나야 부자가 될 수 있다'는 말은 거짓이다. 나는 특별한 학력 없이도 성공한 사람을 많이 보았다. 앞으로 모국어는 물론 영어와 중국어까지 구사할 수 있으면 일단 취업하는 데 어려움이 없다. 아니, 자신이 하고 싶은 일을 하면서 돈을 벌 수도 있다.

그러나 요즘 젊은이들 중에는 그렇게 생각하지 않는 사람이 많다. 잡지에서 '취업에 유리한 대학 순위'라는 특집기사를 읽고, '우리 아이도 이런 학교에 보내자'고 생각한다. 그것이 먼저 '유명 사립 수험'이라는 발상으로 이어진다.

나는 일류 대학 출신은 아니다. 그것도 중퇴다. 영어도 서툴다. 영어 공부에 여러 번 도전했지만 그때마다 좌절했다.

그런 내게 "인생을 새로 시작할 수 있다면 무엇을 가장 열심히 하겠냐?"고 묻는다면 한 치의 망설임도 없이 '영어'라고 대답할 것이다.

비즈니스 세계는 글로벌화하고 있다. 영어를 공용어로 사용하는 기업과 토익 점수가 채용 조건인 기업도 늘고 있다. 세계 인구의 4분의 1이 영어를 소통 도구로 사용한다. 그에 비해 일본의 인구는 고작 1억 수천만 명에 불과하다.

세계 무대에서 활약하며 자신이 하고 싶은 일을 실현하려면 영어 실력은 필수다. 나는 영어를 잘하지 못해도 성공할 수 있었던 마지막 세대다.

부자들의 자녀가 부자가 된다

부자가 되는 사람은 미래의 글로벌화를 대비해 자녀들에게 외국어를 배울 수 있는 환경을 만들어 주려고 노력한다. 적어도 전통적인 가치관을 강요해 진학교(유명 대학에 진학시키는 비율이 높은 학교) 입학시험을 보라고 하지는 않는다. 자녀가 해외 유학을 하고 싶다면 무명 대학이라도 기꺼이 보낼 것이다.

세계적으로 유명한 투자가로 커다란 부를 손에 넣은 짐 로저스도 눈에 띄게 성장하는 중국에 투자하는 것이 유망하다고 판단해 딸에게 모국어인 영어 외에도 중국어를 배우게 했다.

20대, 30대도 늦지 않았다. 영어와 중국어를 구사할 수 있으면 비즈니스에서는 압도적으로 유리하다.

같은 네일 아티스트라도 영어와 중국어를 할 수 있으면 해외 관광객을 직접 상대할 수 있다. 당연히 자신의 네일숍을 차리면 남들보다 앞서갈 수 있다.

부자가 되고 싶은 마음에 경제학 석사학위를 받겠다거나 세무사 자격증을 따겠다는 식으로 어려운 자격증에 도전하는 사람이 지금도 많다.

그러나 부자가 되고 싶다면 현재의 일과 기술에 영어, 중국어를 더한다는 발상을 해야 한다.

A.N.S.W.E.R

부자가 되는 사람은
영어 외에도 하나의 외국어를
더 구사한다

chapter 6
사람이
모이는 곳에
돈이 모인다

CASE #36

인간관계를 맺는 자리는?

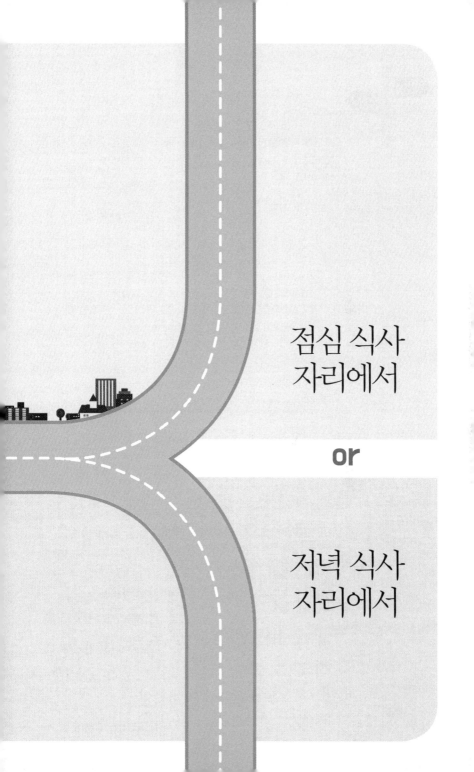

점심 식사
자리에서

or

저녁 식사
자리에서

인간관계를 돈독히 하는 데는 술이 제일이라고 믿는 사람이 적지 않다. 물론 저녁 식사 모임이나 술자리를 잘 활용하면 상대와의 거리가 가까워지고 비즈니스 협상도 순조롭게 진행된다. 비즈니스를 위해 술자리를 갖는 것을 부정할 수는 없다.

그러나 사실 부자는 인간관계를 넓히는 자리로 밤늦은 시간의 술자리보다는 점심시간을 중시한다. 밤에 술이 들어가면 상대와의 거리가 단번에 가까워질 가능성은 있지만 그것을 모두 무위로 돌려 버릴 단점도 있다.

첫째, 기분만 고조된 채 끝나는 경우가 많다. 술에 취해 무슨 말을 했는지 기억이 확실하지 않으면 그저 '즐거운 술자리'로 끝나 버린다. 비즈니스에서 인간관계를 넓히려면 다음으로 이어지는 전개가 필요하다.

둘째, 대화가 잡다해진다. 술기운에 이 말 저 말 던지게 되어 말한 사람도 들은 사람도 기억하지 못하는 내용이 많다. 이래서는 의미가 없다.

셋째, 시간 낭비다. 술에 취해 기분이 좋아지면 시간이 허락할 때까지 술자리가 계속된다. 2차나 노래방으로 이어져도 생산적인 대화는 없고, 다음 날 업무에도 좋지 않은 영향을 미친다. 저녁의 술자리는 그만큼 단점도 크다.

부자는 파워 모닝으로 인간관계를 넓힌다

부자가 되는 사람은 점심시간을 적절히 활용해 인간관계를 쌓는다. 점심을 같이 하면서 고객 및 사내외의 관계자와 교류를 꾀한다. 일명 '파워 런치'다. 같이 식사를 하며 대화하면 술자리만큼은 아니지만 열린 마음으로 서로의 거리가 가까워지는 효과를 기대할 수 있다. 또 밤의 술자리와 달리 하염없이 시간을 끌지 않아 효율적인 대화가 가능하다.

가장 큰 이점은 대화가 구체적으로 진전된다는 것이다. 저녁 술자리에서는 이 말 저 말 마구 지껄이게 되지만 점심 식사 자리에서는 "다음에는 ○○를 주제로 미팅합시다", "다음 점심 때 ××씨를 소개하죠", "다음번에는 △월 △일에 귀사를 찾아가겠습니다"라는 식의 구체적인 행동으로 이어진다. 따라서 인간관계를 넓히고 싶으면 저녁 술자리가 아닌 점심 식사 시간을 택하는 것이 좋다.

최근에는 '파워 모닝', '조활朝活(아침 활동의 준말로, 출근 전의 아침 시간을 유용하게 활용하는 것을 말한다)'이라는 말도 생겼다. 출근 전에 아침 식사 모임에 참석하는 것이다. 나도 '윤리법인모임'이라는 단체가 일주일에 한 번 새벽 6시에 개최하는 아침 세미나에 참가한 적이 있다. 참석자 중에는 경영인이 많은데, 그들과의 교류에서 많은 자극을 받았다. 이른 아침부터 이런 모임에 참가하는 사람은 의식이 높고, 칠칠치 못한 인간은 없어서 인맥을 넓히는 데 가장 적합하다. 전국 각지에서 열리니 가벼운 마음으로 참가해 보면 어떨까.

A.N.S.W.E.R

부자가 되는 사람은
식사 모임을
다음 행동으로 연결한다

CASE #37

술자리에서 어떤 사람인가?

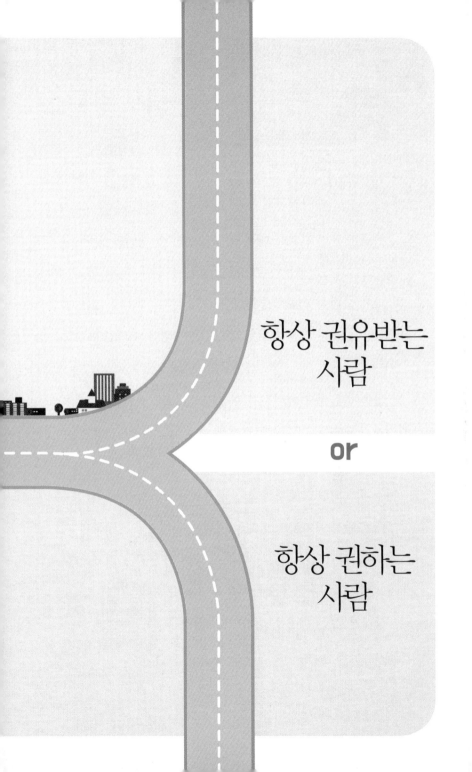

항상 권유받는
사람

or

항상 권하는
사람

사람과 돈의 관계에 대해 알아 두어야 할 원칙이 있다. 사람이 모이는 곳에 돈이 모인다는 것이다.

많은 고객을 만족시킬 수 있는 사람은 그 대가로 많은 돈을 벌 수 있다. 많은 프로젝트로 많은 사람을 모으면 매상도 커진다.

돈은 하늘에서 떨어지지 않는다. 반드시 '사람'을 매개로 정보가 모인다. 거기서 인연이 만들어지고, 결과적으로 비즈니스 성과로 이어진다. 그렇기 때문에 부자가 되는 사람은 사람과의 인연을 중시한다.

내 주변의 부자들도 상대의 지위에 관계없이 정중하게 대한다. 내게도 안부 편지를 보내고, 내가 권한 책을 읽고 느낌을 말해 주는 등 행동으로 마음을 표현해 준다.

상대가 그런 태도를 취하면 '대접받는다'는 실감이 들어서 어떤 형태로든 은혜를 갚고 싶어진다. 실제로 이런 인연이 비즈니스로 이어지는 경우가 많다. 그야말로 인연이 돈을 만들어 주는 것이다.

귀찮은 모임은 망설이지 말고 거절하라

부자가 되는 사람은 어떻게 인연을 만들고 이어 갈까? 부자는 대인관계에서 주도권을 의식한다. 절대 수동적인 자세로 상대가 권하는 대로 행동하지 않는다.

물론 부자도 술자리나 교류 모임에 초대를 받는 경우가 있다. 그러나 조금이라도 싫다거나 귀찮다는 생각이 들면 주저 없이 거절한다. 명확한 이유가 없어도 직감적으로 '가기 싫다'고 느끼면 거절한다.

'직감을 믿어도 될까?' 의아할 수도 있다. 그러나 대인관계에 관한 직감은 의외로 잘 맞는다. 지금까지 당신도 많은 사람을 만났을 텐데, 그런 경험에서 얻은 직감은 당신이 생각하는 것 이상으로 정확도가 높다.

'이 사람과는 잘될 것 같지 않다'고 직감한 상대와는 관계가 삐걱거리고 문제가 생기기 쉽다. 사람에게는 궁합이란 것이 있어서 잘 맞지 않는 상대와는 관계를 유지하기 어렵다. 업무상 도움이 될 만한 상대라면 주저할 수도 있지만, 당신의 직감을 믿는 것이 긴 잣대로 보면 유리하다.

그래서 술자리나 모임을 권유받았을 때 망설여지면 가지 않는다는 것이 원칙이다. 인연이 있는 대인관계를 쌓고 싶으면 자신이 직접 자리를 만들면 된다.

이 경우 누구를 초대하느냐는 문제 역시 직감을 믿으면 된다. '이 사람과 이야기하고 싶다', '이 사람은 신뢰할 수 있을 것 같다', '이 사람과는 잘 맞을 것 같다'는 생각이 들면 주저 없이 초대한다. 나도 나의 직감을 믿고 인연을 넓혀 왔다.

술자리에 권유받는 사람이 아닌 술자리를 권하는 사람이 되자. 바로 이것이 부자가 중시하는 대인관계의 철칙이다.

A.N.S.W.E.R

부자가 되는 사람은
인연을 돈으로 바꾼다

CASE #38

사람을 소개할 때는?

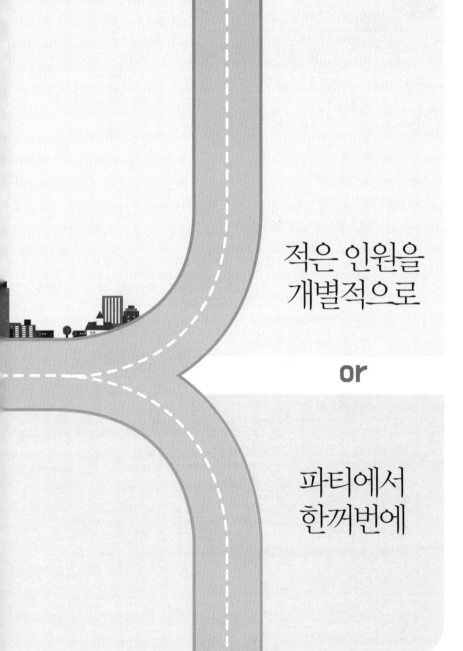

적은 인원을
개별적으로

or

파티에서
한꺼번에

　'인맥이 넓어 매일 식사 모임과 사교 파티를 한다.' 부자는 교우 관계가 화려할 거라고 생각하는 사람이 많다.

　그러나 현실은 다르다. 내 주변 부자들의 교우 관계는 매우 수수하다. 많은 친구를 모아 화려한 파티를 여는 일은 거의 없다. 생일 파티 같은 요란한 모임을 자주 갖는 사람은 오히려 벼락부자 유형이다.

　부자는 마음을 터놓을 수 있는 친한 친구도 많지 않다. 고작해야 두세 명이다. 친한 친구와도 매주 만나는 것이 아니라 1년에 한 번 만나면 충분하다. 그렇게 하는 편이 의미 있는 시간을 보낼 수 있다. 어쩌면 의외라고 생각할 수도 있을 텐데, 이것이 부자의 대인관계다.

　그렇지만 부자도 술자리나 교류 모임을 주최하는 경우가 있다. 그때는 '참석자 전원을 상대할 수 있는지'를 기준으로

<u>개최한다.</u>

예를 들어 인맥을 동원해 100명 규모의 파티를 연다고 해도 전원을 상대할 수는 없다. 인사를 나누는 것이 고작이다. 만일 '이 사람을 저 사람에게 소개하고 싶다'고 생각해도 그 정도로 사람이 많으면 가교 역할을 충분히 할 수 없다. 모처럼 애써서 사람들을 초대했어도 결실이 없다.

그렇게 되면 참석자의 만족도는 떨어진다. '대접이 이 정도인가' 실망하거나 주최자와 거리를 두게 될 것이다.

적은 인원으로 농밀한 시간을 보내는 것을 중시한다

반면에 내가 아는 부자 S씨는 '이 사람이다!'라고 생각한 사람에게 연락해 정기적으로 교류 모임을 연다. 정원은 '최대 10명'이다.

참석자들은 공통 지인인 S씨를 중심으로 비즈니스 이야기부터 개인적인 이야기까지 다양한 화제를 즐기며 교류하고,

때로는 그것이 구체적인 비즈니스로 이어진다.

10명 정도의 규모이니 S씨는 참석자 전원과 무리 없이 교류할 수 있고, 그들 간의 비즈니스를 연결하는 역할도 할 수 있다. 또 참석자의 만족도 높아 주최자인 S씨는 모두에게 감사를 받고, 그것이 또 다른 비즈니스로 이어진다.

S씨의 남다른 점은 자신이 응대할 수 있는 범위에서 교류 모임을 연다는 것이다. 부자가 되는 사람은 자신이 응대할 수 있는 범위의 사람만 모은다.

그래서 예컨대 B를 C에게 소개하고 싶을 때는 자신을 포함해 세 사람이 만날 수 있도록 모임을 마련하는 것이 기본이다. 절대 교류 모임이나 파티에 한데 모아 하는 소개는 주선하지 않는다. 조잡해지기 때문이다.

'인원이 적어야 농밀한 시간을 보낼 수 있다'는 것을 명심하자.

A.N.S.W.E.R

부자가 되는 사람은
대접을 우선한다

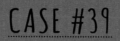

CASE #39

점심 메뉴를 고르는
스타일은?

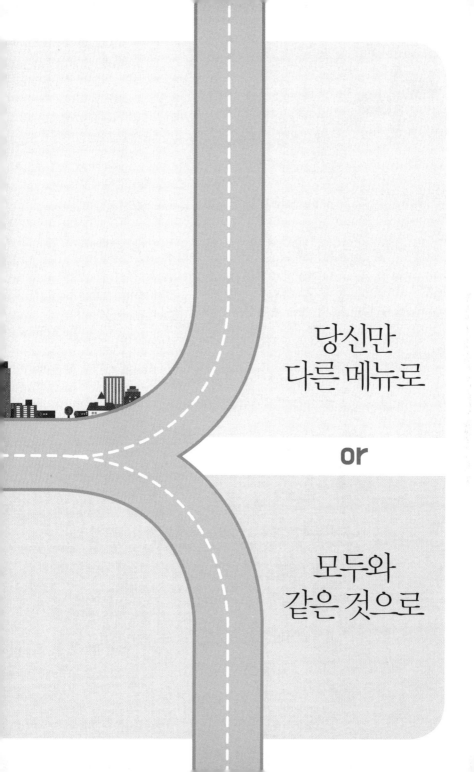

당신만
다른 메뉴로

or

모두와
같은 것으로

　점심을 먹으러 갔을 때 당신은 메뉴를 어떻게 정하는가? "나도 같은 걸로"라고 말한다면, 안타깝게도 당신은 부자가 될 수 없다. 고작 메뉴 선택일 뿐이라고 생각할 수도 있지만, 주위에 맞추는 사고 습관은 비즈니스나 인생에서의 선택에도 영향을 미치기 때문에 가볍게 볼 수 없는 문제다.

　"같은 것으로", "뭐든 좋다"라고 대답하는 사람은 언뜻 보면 협조성이 있는 것처럼 보이지만 사실 '자신의 축軸'이 없는 것일 뿐이다. 자신의 축이 없으면 늘 다른 사람 뒤를 쫓아가는 인생이 된다.

　예컨대 투자에서 실패하는 사람도 대부분 자신의 축이 없는 유형이다. "이 주식은 사야 한다"고 주위에서 소란스럽게 떠들고 실제로 사는 것을 보면 자신도 같은 주식을 산다.

　'바닥을 쳤을 때 사고 비쌀 때 판다'는 것이 투자에서 성공하는 기본 원칙이라는 점을 생각해 보면, 이처럼 따라 하는 유형은 시간이 지나도 부자가 될 수 없다.

또 비즈니스에서도 "이 장사가 돈을 번다"는 이야기를 들으면 '그럼 나도!' 하고 따라 하기 때문에 망해 나가는 그 절대다수에서 벗어날 수 없다.

사람의 의견을 듣고, 협조하는 것은 부자로 가는 길에서 멀어지는 행위다. 도리어 다른 사람과 다르게 행동해야 경쟁률이 낮아지므로 돈이 들어오기 쉽다. 얼핏 인간관계가 좋은 것 같아도 주위에 맞추기만 해서는 부자가 될 수 없다.

마음이 편한 인간관계는 위험하다!

부자가 되는 사람 중에는 자신의 축을 갖고 있는 유형이 압도적으로 많다. '자신의 축'이라고 하면 멋지게 들릴 수도 있는데 주위에서 보면 제멋대로에 협조성이 없어 보인다. 그러나 바로 그런 사람에게 돈이 모여든다.

한번은 성공한 경영인 6명과 함께 여행을 간 적이 있다. 처음에는 같이 관광지를 돌아볼 예정이었는데, 막상 여행지에 도착하자 각자 "○○에 가고 싶다", "××가 먹고 싶다" 하고 자기 희망을 말하기 시작했다. 결국 수습이 되지 않아 돌아오는 비행기에 오르기까지 각자 자유행동을 하게 되었다.

비단 가고 싶은 곳이나 먹고 싶은 것만 그렇게 다른 것이 아니다. 부자가 되는 사람은 많은 부분에서 집념(자신의 축)이 강해 '분위기 파악을 못하는' 것처럼 보인다. 단, 비즈니스나 인생의 결단도 보통 사람과 다른 가치관으로 내리기 때문에 성공하기 쉽다. 부자가 되고 싶다면 사내에서 지나치게 협조하는 것은 위험하다. 직장 상사나 동료와 술집에 가거나 휴일에 놀러 가면 그대로 편한 쪽으로 흘러가기 십상이다.

나도 학원에서 근무하던 시절에는 인간관계가 좋아 동료와 같이 한잔하러 가기도 하고, 경마장에 놀러 가기도 했다. 마음은 편해서 좋았지만 결국 스스로 갈고닦는 데는 게을러져서 큰 빚을 떠안는 원인이 되었다. 부자가 되려면 부업으로 수입을 늘리거나 자기투자에 시간을 들여야 한다. 업무가 끝난 뒤에도 동료와 사이좋게 시간을 보내는 것은 부자로 가는 길을 가로막는 짓이라는 점을 명심해야 한다.

A.N.S.W.E.R

부자가 되는 사람은
자신의 축을
갖고 있다

CASE #40

상대하기 껄끄러운
사람의 부탁은?

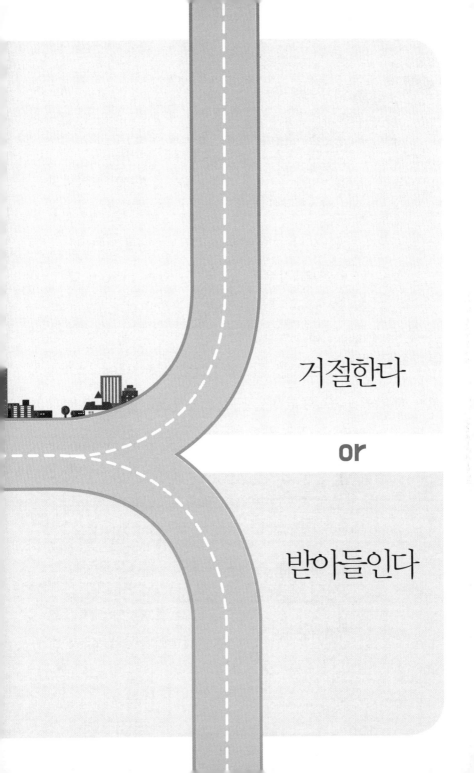

거절한다

or

받아들인다

　'부자는 싸우지 않는다'는 말이 있다. '부자는 평온해서 감정을 밖으로 드러내지 않을 것'이라고 생각하는 사람이 있는데, 물론 불필요한 다툼에 끼어들지 않지만 원래 성격이 온화한 것은 아니다.

　하물며 뭐든 "네, 네" 하고 받아들이는 착한 사람도 아니다. 오히려 자신의 감정을 행동으로 나타낸다. 최대한 마음과 행동을 일치시키려 한다.

　예를 들어 상대하기 껄끄러운 사람이 "○○씨를 소개해 주세요!"라고 부탁했다고 하자. 이때 부자가 되는 사람은 확실하게 거절한다. 절대 '좋은 사람'을 연기하지 않는다. 부자들은 원래 '좋은 사람'으로 보이고 싶다는 생각이 없는데, 그 이유는 감정과 행동에 차이가 있으면 스트레스가 된다는 것을 알기 때문이다.

사실 속으로는 소개하고 싶지 않은데 마지못해 응하면 '역시 소개하지 말았어야 했어' 하고 찜찜한 기분이 남는다. 그처럼 부정적인 감정을 갖고 있으면 마음이 피곤해지고 소개를 의뢰한 상대와의 관계도 복잡해진다. 그런 고민을 할 바에는 최소한의 예의를 갖추고 확실히 거절하는 것이 합리적이다.

'유유상종'이라고 했다. 껄끄러운 상대를 받아주다 보면 대하기 더 거북한 상대가 나타난다는 것도 부자는 이해하고 있다.

부자는 소중한 사람과
그렇지 않은 사람을 구분한다

정확히 말하자. 부자가 되는 사람은 모든 사람을 평등하게 대하지 않는다. 이렇게 말하면 오해의 소지가 있는데, '소중한 사람과 그렇지 않은 사람을 분명히 구분해 생각하는 것'이 진심이다.

한때 아버지가 했던 보험 대리점을 이어받아 보험 상품을 팔았는데, 고객은 크게 두 가지 유형으로 나뉘었다. 바로 '이익이 큰 고객'과 '이익이 작은 고객'이다.

신기했던 것은 이익이 작은 고객일수록 불만이 많았다는 점이다. 불만만 늘어놓으면서 이익이 작은 고객은 비즈니스 관점에서 말하면 불만 대응에 쫓길 뿐 비용 대비 효과가 매우 낮다.

그래서 나는 이익이 작은 고객에게는 영업을 하지 않고 이익이 큰 우량 고객 대응에 주력하기로 했다. '모든 고객을 평등하게 대해야 한다'는 것이 장사의 철칙이었던 아버지에게 괘씸하다고 야단도 맞았다.

그러나 결과적으로 이익이 큰 고객을 극진히 대접한다는 입소문이 나서 고객이 모이고 매상도 부쩍 늘었다. 무엇보다 스트레스가 크게 줄었다.

부자가 되는 사람은 자신의 감정에 솔직하다. 싫을 때는 정확히 "노"라고 말하자.

A.N.S.W.E.R

부자가 되는 사람은
감정과 행동이
일치한다

CASE #41

당신만의 성공 방식은?

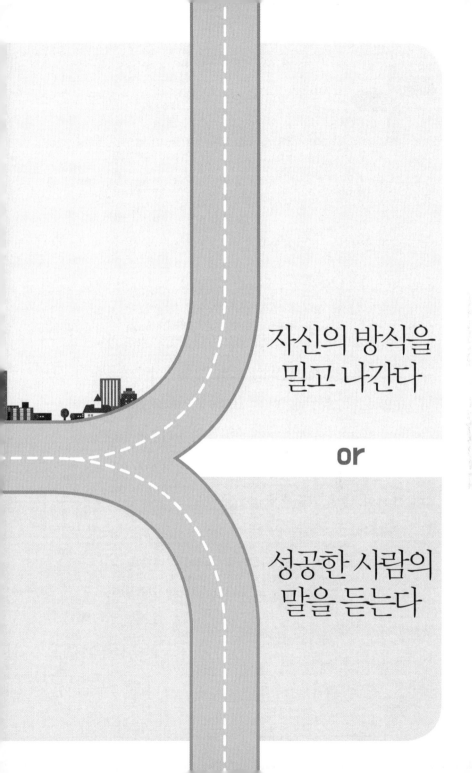

자신의 방식을
밀고 나간다

or

성공한 사람의
말을 듣는다

"독창적인 아이디어와 기술이 있으니까."

"그 사람은 천재라서."

비즈니스에 성공해 부를 얻은 부자를 보고 많은 사람들이 이렇게 말한다. 그러나 현실적으로 아무것도 없는 상태에서 모든 것을 이루어 낸 사람은 없다. 그들은 여러 아이디어를 조합하고 기존의 비즈니스 모델을 참고한다. 오해를 두려워하지 않고 말하자면, 모방이 계기가 되는 경우가 많다.

예를 들어 미국의 젊은 기업가인 마크 저커버그도 제로에서 페이스북을 만들어 낸 것은 아니다. 그가 SNS를 시작하기 전에 이미 '프렌드스터', '마이스페이스' 같은 다른 SNS가 존재했고, 페이스북의 콘셉트 자체도 하버드 대학의 다른 학생이 하려 했던 것을 따라 한 것이다. 거기에 저커버그가 자기만의 방식을 더해 페이스북을 지금의 위치에 올려놓았다.

'나라면 이렇게 한다'는 관점을 가져라

부자가 되고 싶은 사람에게 성공한 사람들의 이야기는 성공의 힌트가 된다. 당신은 그 이야기에 순수하게 귀를 기울일수 있을까? 그 행동이 부자가 될 수 있는지 없는지를 결정한다고 해도 과언이 아니다.

부자가 될 수 없는 사람은 '자신의 방식을 관철한다'고 큰소리치며 성공담에 귀 기울이지 않는다. 듣는다고는 하지만, '○○씨라서 성공한 거지' 하고 한마디로 잘라 말하며 그들과의 차이점에만 주목한다.

부자가 되는 사람은 성공한 사람이 말한 것을 그대로 실천한다는 생각은 하지 않는다. 귀 기울여 듣고 공통점을 찾아서 자신의 비즈니스에 응용할 만한 부분을 가려낸다. 즉 '나라면 이렇게 한다'는 시점에서 성공담을 듣는 것이다.

조언을 구할 상대를 고를 때는 그가 '현역'으로 활동하느냐가 관건이 된다. 예컨대 상사가 술자리에서 말하는 옛날 무용담은 과거의 것이고, 이야기가 덧붙여지기 때문에 참고

하기에 적당하지 않다.

영업사원이라면 회사에서 가장 실적이 좋은 세일즈맨에게 가르침을 청하는 것도 한 가지 방법이고, 성공한 사람의 책을 통해 배워도 된다. 현재 활발히 활동하며 성과를 내고 있다면 나이가 어려도 이야기를 들어야 한다.

내 주변의 부자는 내게 꼬치꼬치 묻곤 한다.

"다구치 씨는 어떤 과정을 거쳐 지금의 자리에 올랐나요?"

"책을 출판하려면 어떻게 해야 하지요?"

심지어 이들은 나보다 훨씬 자산이 많은 부자들이다. 부자는 나이나 처지를 초월해 성공담에서 무언가를 배우는 데 욕심이 있다.

'한 번도 실패한 적이 없는 사람'은 주의해야 한다. 행동하지 않기 때문에 실패 경험이 없는 것일 뿐, 성공한 것이 아닐 가능성이 크다.

A.N.S.W.E.R

부자가 되는 사람은
성공의 진수를
받아들인다

배운 것이 있다면
바로 실행하라

마지막 질문이다. <u>책장에 비즈니스 관련 서적이 100권 넘게 꽂혀 있는 사람과 한 권도 없는 사람, 부자가 되는 것은 어느 쪽일까?</u>

빚에 허덕이는 생활에서 벗어나려 애쓰던 시절 내 방은 비즈니스 서적으로 넘쳐났다. 책장에는 비슷한 제목의 책들이 즐비하게 꽂혀 있었고, 더는 자리가 없어 바닥에까지 높이 쌓아 놓았다. 그런 책더미를 보며 '나는 많은 것을 공부했다'고 혼자 기뻐했다.

그러나 어느 날 깨달았다. 이렇게 지식을 머릿속에 입력하는데도 무엇 하나 변하지 않는다는 것을. 나는 지식을 입력하는 데만 만족하고 그것을 실행에 옮기지 않았다. 보물을 가지고 있을 뿐 활용하지 못한 것이다. 책장에 100권이 넘는 책이 꽂혀 있어도 실행에 옮기지 않으면 아무리 시간이 지나도 부자가 될 수 없다.

부자가 되는 사람은 책장에 비즈니스 서적이 한 권도 없는 사람이다. 물론 책을 전혀 읽지 않는 경우는 논할 가치가 없고, 여기서는 비즈니스 서적을 사서 읽는다는 것이 기본 전제가 된다.

그렇다면 왜 책장에 비즈니스 서적이 없을까? 부자가 되는 사람은 정보를 입력하는 데 그치지 않고 반드시 그것을 활용한다. '이거다!' 싶은 내용은 바로 행동에 옮긴다. 그러면 성과가 나오고 확실히 부자에 가까워진다.

하나라도 실행에 옮길 수 있으면 그 책을 산 가치가 있다. 책장에 두지 않아도 노하우가 몸에 밴다. 그래서 다른 사람에게 주거나 버려도 된다. 책을 샀는데 책장에 꽂혀 있지 않다는 것은 곧 행동한다는 증거다.

저자로서 이 책이 책장에서 잠자지 않고 당신 곁을 떠나게 되기를 진심으로 바란다.

상위 1% 부자 3000명, 그 반전의 선택!

어려운 건 모르겠고, 돈 버는 법을 알려주세요

1판 1쇄 발행 2016년 7월 20일
1판 2쇄 발행 2016년 9월 20일

지은이 다구치 도모타카
옮긴이 홍성민
펴낸이 고영수

경영기획 이사 고병욱
기획편집1실장 김성수 **책임편집** 장지연 **기획편집** 윤현주 이은혜
마케팅 이일권 이석원 김재욱 이봄이 **디자인** 공희 진미나 김민정
제작 김기창 **관리** 주동은 조재언 신현민 **총무** 문준기 노재경 송민진

교정 구윤회 **표지·본문 디자인** 이애리

펴낸곳 청림출판(주)
등록 제1989-000026호

본사 06048 서울시 강남구 도산대로 38길 11 청림출판(주) (논현동 63)
제2사옥 10881 경기도 파주시 회동길 173 청림아트스페이스 (문발동 518-6)
전화 02-546-4341 **팩스** 02-546-8053
홈페이지 www.chungrim.com
이메일 crl@chungrim.com
블로그 blog.naver.com/chungrimpub
페이스북 www.facebook.com/chungrimpub

ISBN 978-89-352-1115-9 (03320)